가르쳐주세요!
상대성이론에 대해서

가르쳐주세요!
상대성이론에 대해서

ⓒ 정완상, 2015

초 판 1쇄 발행일 2007년 10월 30일
개정판 2쇄 발행일 2016년 8월 10일

지은이 정완상   삽화 새롬
펴낸이 김지영   펴낸곳 지브레인 Gbrain
마케팅 김동준 · 조명구   제작 · 관리 김동영

출판등록 2001년 7월 3일 제2005-000022호
주소 04047 서울시 마포구 어울마당로 5길 25-10 유카리스티아빌딩 3층
　　　　　　　　　　　　　(구. 서교동 400-16 3층)
전화 (02)2648-7224   팩스 (02)2654-7696
블로그 http://blog.naver.com/inu002

ISBN 978-89-5979-413-3 (04400)
　　　 978-89-5979-422-5 SET

- 책값은 뒷표지에 있습니다.
- 잘못된 책은 교환해 드립니다.
- Gbrain은 작은책방의 교양 전문 브랜드입니다.

▼ 아인슈타인 노벨상 수상자와 TALK① 합시다

가르쳐주세요!
상대성이론에 대해서

정완상 지음 새롬 그림

G brain
지브레인

추천사

노벨상의 주인공을 기다리며

『노벨상 수상자와 TALK 합시다』 시리즈는 제목만으로도 현대 인터넷 사회의 노벨상급 대화입니다. 존경과 찬사의 대상이 되는 노벨상 수상자 그리고 수학자들에게 호기심 어린 질문을 하고, 자상한 목소리로 차근차근 알기 쉽게 설명하는 책입니다. 미래를 짊어지고 나아갈 어린이 여러분들이 과학 기술의 비타민을 느끼기에 충분합니다.

21세기 대한민국의 과학 기술은 이미 세계화를 이룩하고, 전통 과학 기술을 첨단으로 연결하는 수많은 독창적 성과를 창출해 나가고 있습니다. 따라서 개인은 물론 국가와 민족에게도 큰 긍지를 주는 노벨상의 수상자가 우리나라의 과학 기술 분야에서 곧 배출될 것으로 기대되고 있습니다.

우리나라의 현대 과학 기술력은 세계 6위권을 자랑합니다. 국제 사회가 인정하는 수많은 훌륭한 한국 과학 기술인들이 세계 곳곳에서 중추적 역할을 담당하며 활약하고 있습니다.

우리나라의 과학 기술 토양은 충분히 갖추어졌으며 이 땅에서 과학의 꿈을 키우고 기술의 결실을 맺는 명제가 우리를 기다리고 있습니다. 노벨상 수상의 영예는 바로 여러분 한명 한명이 모두 주인공이 될 수 있는 것입니다.

『노벨상 수상자와 TALK 합시다』는 여러분의 꿈과 미래를 실현하기 위한 소중한 정보를 가득 담은 책입니다. 어렵고 복잡한 과학 기술 세계의 궁금증을 재미있고 친절하게 풀고 있는 만큼 이 시리즈를 통해서 과학 기술의 여행에 빠져 보십시오.

과학 기술의 꿈과 비타민을 듬뿍 받은 어린이 여러분이 당당히 '노벨상'의 주인공이 되고 세계 인류 발전의 주역이 되기를 기원합니다.

국립중앙과학관장 공학박사 조청원

아인슈타인 Albert Einstein
1879~1955

　알베르트 아인슈타인은 20세기 초반에 혁명적인 이론인 상대성이론을 발표해 소설에서만 가능했던 타임머신을 원리적으로 가능하게 했습니다. 또한 그의 상대성이론은 우주에 대한 연구를 더욱 발전시키는 데 큰 기여를 했지요.

　아인슈타인은 독일에서 태어난 유태인입니다. 그는 독일의 여러 대학에서 교수 생활을 하면서 상대성이론을 만들었고, 훗날 히틀러가 제2차 세계대전을 앞두고 유태인에 대한 박해를 가하자 미국으로 망명하여 프린스턴 대학에서 전기력과 중력의 통일 문제에 대한 연구를 계속했습니다.

　아인슈타인 하면 상대성이론만을 떠올리기 쉽지만 그는 상대성이론 이외에도 훌륭한 업적을 많이 남겼습니

다. 그는 분자들이 제멋대로 움직이는 운동인 브라운운동을 이론적으로 해결했고, 고체에 열을 공급했을 때 얼마나 온도가 올라가는지에 대한 중요한 법칙도 만들었습니다. 또한 금속에 빛을 쪼이면 전자가 튀어나와 그 전자들이 전류를 흐르게 한다는 유명한 광전효과 실험을 이론적으로 유도해 1921년 노벨 물리학상을 타는 영광을 누렸습니다.

과학의 역사에서 볼 때 아인슈타인은 갈릴레이, 뉴턴의 흐름 속에 있습니다. 즉 그의 주 관심사는 물체의 운동에 관한 것이었죠. 하지만 갈릴레이와 뉴턴에 의해 완성된 힘과 운동의 물리학을 완전히 뒤집는 혁명적인 아이디어를 냈는데 그것이 바로 상대성이론입니다. 상대성이론에 의하면 우리는 빛처럼 빠르게 움직이는 로켓을 타고 우리가 원하는 미래로 갈 수 있고 단 하루 만에 안드로메다 은하를 여행하고 돌아올 수 있습니다. 또한 상대성이론에 따르면 우주는 4차원이며 4차원의 우주는 우주의 구성물인 별들이나 행성들 때문에 복잡하게 휘어져 있습니다. 그런 과정에서 중력이 아주 큰 천체인 블랙홀이 등장합니다. 블랙홀은 우주를 아주 많이 휘어지게 하여 블랙홀 주위의 물질들을 빨려 들어가게 합니다. 아인슈타인의 상대성이론은 물체의 속도가 빛의 속도처럼 빠를 때 그 효과가 나타나는데 이때 우리가 상식적으로 알고 있는 많은 힘과 운동의 물리학이 달라집니다.

이제 여러분은 아인슈타인과 **TALK**을 통하여 상대성이론에 대해 속속들이 알아보게 될 것입니다. 우선 아인

 슈타인이 어떻게 어린 시절을 보내 위대한 물리학자가 되었는지, 그리고 이전의 물리학에서 얘기하는 운동은 어떤 내용인지, 그리고 아인슈타인의 상대성이론대로라면 진짜로 사람이 미래로 갈 수 있는지, 블랙홀이나 4차원은 무엇인지를 아인슈타인과 **TALK**을 통해 알아볼 수 있습니다. 또한 여러분은 이 책을 통해서 천재 과학자의 놀라운 생각과 혁명적인 아이디어를 얻을 수 있을 것입니다. 그것은 여러분으로 하여금 즐거운 물리학, 새로운 물리학으로 나아갈 수 있는 힘을 줄 것입니다.

 자! 그럼 기초부터 차근차근 아인슈타인과 채팅을 통해 상대성이론을 완전히 이해해 봅시다.

차례

추천사 • 4

프롤로그 • 6

제1장
아인슈타인은 어떻게 과학자가 되었나? • 13

제2장
속력과 속도의 차이 • 23

제3장
달리는 차 안에서 물체를
밖으로 던지면 위험한가요? • 31

제4장
나란히 달리는 차가 정지해 있는 걸로
보이는 이유는 뭐죠? • 39

제5장
아인슈타인이 상대성이론을 생각한 동기 • 47

제6장
정지해 있는 사람이 자동차에서 나오는 빛을 관측하면 빛의 속도보다 커지나요? · 57

제7장
미래로 가는 타임머신 · 69

제8장
아인슈타인의 유명한 공식 $E=mc^2$이 뭔가요? · 79

제9장
아인슈타인의 4차원 우주 · 89

제10장
아인슈타인의 일반상대성이론 · 95

제11장
블랙홀과 과거 여행 · 103

부록
SF 동화 | 아인슈타인, 지구를 지켜라 · 109

제01장

아인슈타인은 어떻게 과학자가 되었나?

📒 교과 연계
- 아인슈타인의 성장 과정
- 물리학에 관심을 갖게 된 동기
- 아인슈타인의 재능은 노력으로 이루어졌다.

📗 학습 목표

천재 과학자 아인슈타인이 물리학에 관심을 갖게 된 계기와 물리학자가 되겠다는 꿈을 이루기 위해 어떤 노력을 했는지 알아본다.

태호 아인슈타인 박사님은 언제부터 물리학자가 되겠다고 생각했나요? 그리고 어린 시절 어떻게 공부했나요?

아인슈타인 사람들은 누구나 꿈이 있습니다. 어린 친구들에게 물으면 어떤 어린이는 대통령이 되고 싶다고 하고, 어떤 어린이는 유명한 음악가가 되고 싶다고 하고, 또 어떤 어린이는 훌륭한 선생님이 되고 싶다고 말합니다. 이렇게 사람들이 서로 다른 꿈을 가지고 그 꿈을 위해 준비하여 훌륭한 대통령도, 음악가도, 선생님도 나오는 것입니다.

여러분은 훌륭한 과학자들이 어릴 때부터 영재성을 보였을 거라고 생각하지요? 하지만 모든 과학자가 그런 것은 아니에요. 내 경우를 보면 말이죠. 나는 독일 남부의 울름이라는 작은 도시에서 태어났어요. 어렸을 때 나는 그리 똑똑한 편은 아니었어요. 네 살이 되어도 말도 제대로 못할 정도였으니까요. 요즘 아이들 중에는 네 살 때 모국어뿐 아니라 다른 나라의 말을 하기도 하는 데 말이에요.

나는 어릴 때 공부보다는 다른 데 관심이 많았어요. 바이올린을 무척 좋아해서 다섯 살 때부터 연주를 할 수 있을 정도였으니까요.

내가 왜 물리학을 좋아하게 되었을까요? 그것은 바로 다섯 살 때 아버지가 선물로 주신 나침반 때문이었어요. 나는 생전 처음 보는 나침반을 들고 여기저기를 돌아다녔어요. 나침

반이 빙글빙글 돌아가는 게 어찌나 신기하던지 항상 가지고 다녔지요. 그러다 나침반의 이상한 성질을 발견했어요. 나침반의 바늘은 마치 자신이 가리켜야 할 방향을 알고 있는 듯이 일정한 방향을 가리킨다는 것이었지요. 나는 그 방향이 북쪽 방향이라는 것을 알게 되었어요. 그리고 왜 나침반의 바늘이 항상 북쪽을 가리키는지 궁금해졌어요. 물론 그 당시에는 나침반의 비밀을 밝히지 못했지만 그 일을 계기로 나는 처음으로 자연에 대한 호기심을 갖게 되었어요. 과학은 호기심에서부터 출발하니까요. 난 이것이 물리현상이라는 것을 알게 되었고 이때부터 물리학과 친구가 되고 싶어졌어요. 정말 나침반 하나가 내 꿈을 결정했다는 게 놀랍죠?

 나침반의 비밀을 풀기 위해서 나는 수학책과 물리책을 읽어야 했어요. 기초를 튼튼히 해야 했거든요. 가장 좋은 책은 물리나 수학에서 위대한 업적을 낸 사람들의 책을 읽는 것이에요. 그래서 열두 살 때 그리스의 위대한 수학자 유클리드가 쓴 《원론》과 뉴턴의 《자연철학의 수학적 원리》를 읽으면서 수학과 물리학을 공부했지요. 이 책의 내용은 초등학생 수준을 훨씬 넘지만 내가 워낙 수학을 좋아했기 때문에 이해하는 데 어려움은 없었어요.

　초등학교를 졸업하고 뮌헨에 있는 루이스폴트 김나지움에 들어갔어요. 김나지움이라는 말이 이상하지요? 독일은 중학교와 고등학교가 함께 붙어 있어요. 그걸 김나지움이라고 부른답니다.

이 학교에서 나는 좋아하는 과목인 수학이나 물리학은 열심히 했지만 국어나 체육처럼 하기 싫은 과목은 공부를 안 했어요. 그래서 국어나 생물, 체육 같은 과목은 항상 낙제해 학교 선생님들이 날 싫어했어요. 나도 학교 다니기가 너무 싫었고요.

가족들도 아버지 사업 때문에 이탈리아에 가 있고 학교에는 나 혼자 있어 너무 힘들고 외로웠어요. 그때 나는 상대성

원리의 계기가 되는 문제에 빠져 있었지요. 그 문제는 나중에 다시 자세하게 얘기해 줄게요. 아무튼 이 문제에 집중하느라, 또 학교 선생님들이 나를 싫어해서 학교를 안 나가기 시작했어요. 결국 점점 더 학교가 싫어진 나는 16살 때 학교를 자퇴하고 부모님이 사시는 이탈리아의 밀라노로 갔지요.

독일의 김나지움을 졸업하지 못했기 때문에 나는 독일의 대학에는 입학할 수 없었어요. 그래서 스위스 취리히에 있는 연방공과대학의 입학시험을 쳤어요. 하지만 역시 수학과 과학은 좋은 성적이 나왔지만 국어와 다른 과목 성적이 안 좋아서 떨어져 나는 몹시 실망했지요.

그런데 대학 학장님이 나를 불러 시험에는 떨어졌지만 수학, 과학 성적이 좋으니까 스위스에 있는 다른 고등학교에 편입해서 다시 시험을 치라고 권유하더군요. 그래서 학장님이 추천한 아라우 고등학교에 편입했어요.

이 학교는 독일의 김나지움과는 많이 달랐어요. 독일처럼 엄한 규율의 학교가 아니었거든요. 그러다 보니 싫어했던 과목도 조금씩 재미있어졌고 그 뒤 다시 시험을 쳐서 연방공과대학 수학물리학과에 합격했어요.

스위스 취리히에 있는 연방공과대학

　대학에 들어간 나는 남의 도움 없이 혼자 문제를 해결하고 문제에 빠져들고 하는 것을 즐겼어요. 12살 때 유클리드의 책을 혼자 읽고, 피타고라스의 정리를 혼자 힘으로 증명하면서 수학의 재미에 폭 빠져들었던 것처럼 말이에요. 나는 생각할 만한 문제가 있으면 며칠이고 그 문제를 떠올리곤 했어요. 아마도 그런 내 공부 방법 덕분에 상대성이론을 만들 수 있었던 것 같아요.

제 01 장
핵심정리

- 아인슈타인은 어릴 때부터 똑똑한 학생은 아니었지만 호기심이 많은 학생이었다.

- 아인슈타인은 모든 과목을 두루 잘하는 학생이 아니라, 자신이 좋아하는 과목만 열심히 하는 학생이었다. 이렇게 자신이 가장 잘하는 것에 최고가 되려는 학생을 요즘은 마니아라고 부른다. 예를 들어, 프로 게이머나 소년 바둑왕 등을 마니아라고 볼 수 있다. 그런 면에서 아인슈타인은 물리 마니아라고 볼 수 있다.

- 아인슈타인은 어떤 문제에 몰두하면, 다른 것은 생각하지 않고 그 문제만을 고민하는 스타일이었다. 이런 연구 방법이 결국 아인슈타인을 위대한 물리학자로 만들었다.

제02장
속력과 속도의 차이

📂 **교과 연계**

초등 5-1 | 4단원 : 물체의 속력
중등 2 | 물체의 운동

📂 **학습 목표**

물체가 이동한 거리와 걸린 시간을 이용하여 속력을 구할 수 있으며 속력과 속도의 차이점을 이해한다.

미나 속력과 속도는 똑같이 빠르기를 나타내잖아요? 그렇다면 속력과 속도는 같은 말인가요?

아인슈타인 상대성이론은 물체의 빠르기와 관계가 있어요. 그러므로 빠르기를 나타내는 두 개의 양인 속력과 속도에 대해 잘 알 필요가 있지요. 우선 속력에 대해 먼저 얘기해 보죠.

속력은 초등학교 수학에서도 많이 다루고 있고, 일상생활에서도 많이 쓰는 말이에요. 초등학교 과학에서는 5학년 때 배우는데, 속력은 물체의 빠르기만을 나타내는 양이에요.

물체의 속력에 대한 연구를 가장 많이 한 물리학자는 이탈리아의 갈릴레이예요. 갈릴레이는 물체가 얼마나 빠른 운동을 하는지, 느린 운동을 하는지를 나타내기 위해 물리학에서 속력을 다루어야 한다고 주장했지요.

자! 속력을 어떻게 정의하는지 알아볼까요? 철수와 태호라는 두 소년이 100미터 달리기 시합을 한다고 해 봐요. 두 소년이 출발했어요. 그리고 철수가 태호보다 먼저 골인했어요.

　두 사람은 같은 거리를 움직였지요? 이때는 시간이 적게 걸린 사람이 더 빠르게 움직인 사람이에요. 즉, 철수가 더 빠르게 움직인 사람이지요. 이렇게 빠르게 움직인 사람이 속력이 더 크다고 말해요. 즉, 철수의 속력이 태호의 속력보다 크지요. 이렇게 같은 거리를 움직일 때는 걸린 시간이 짧을수록 속력이 더 크답니다.

　서로 다른 거리를 움직일 때는 어떻게 빠르기를 비교할까요? 예를 들어, 철수가 자전거를 타고 100미터를 10초에 달렸어요. 그리고 태호는 킥보드를 타고 200미터를 25초에 달

렸어요. 이 경우, 누구의 속력이 더 클까요? 지금 두 사람은 서로 다른 거리를 서로 다른 시간 동안 움직였어요. 이때는 걸린 시간만으로 두 사람의 빠르기를 비교할 수는 없지요.

그래서 물리학자들은 공평한 비교를 위해 두 사람이 같은 시간 동안 달린 거리를 비교한답니다. 이렇게 거리가 미터의 단위일 때는 같은 시간을 1초로 택해요. 철수는 100미터를 10초에 달렸으므로 1초 동안 10미터를 달린 셈이에요. 그리고 태호는 200미터를 25초에 달렸으므로 1초 동안에는 8미터를 달린 셈이지요. 그럼 1초 동안 달린 거리를 비교하면 철수가 2미터를 더 움직였지요? 그러므로 철수가 태호보다 빨리 움직였지요. 즉, 철수의 속력이 태호의 속력보다 큰 거예요. 1초 동안 10미터를 달리는 속력을 '초속 10미터'라고 말해요. 즉 철수의 속력은 초속 10미터이고 태호의 속력은 초속 8미터이지요.

철수의 속력을 구할 때 10이라는 수는 철수가 달린 거리인 100미터를 달리는 데 걸린 시간인 10초로 나눈 값이에요. 마찬가지로 태호의 속력에서 8은 태호가 달린 거리인 200미터를 달리는 데 걸린 시간인 25초로 나눈 값이지요. 이렇게 속력은 움직인 거리를 걸린 시간으로 나누면 나온답니다.

이제 속력이 뭔지 알겠지요? 이번에는 이런 걸 생각해 보죠. 철수와 태호가 등을 대고 서 있다가 철수는 10초 동안 30미터를 오른쪽으로 걸어가고 태호는 10초 동안 30미터를 왼쪽으로 걸어갔다고 해 보죠.

두 사람은 10초 동안 30미터를 걸어갔으므로 1초 동안 3미터를 걸어간 셈이에요. 즉, 두 사람의 속력은 초속 3미터로 같지요. 하지만 두 사람은 서로 다른 운동을 하고 있어요. 철수는 오른쪽 방향으로, 태호는 왼쪽 방향으로 운동을 하지요.

이렇게 물리학에서는 빠르기뿐 아니라 운동의 방향도 생각해야 할 때가 있는데 이럴 때 속도를 사용합니다.

속도는 물체의 빠르기와 운동 방향을 함께 나타내는 양이에요. 철수와 태호는 속력이 초속 3미터로 같지만 두 사람의 속도는 달라요. 운동 방향이 다르기 때문이지요. 즉 철수의 속도를 '오른쪽으로 초속 3미터'라고 한다면 태호의 속도는 '왼쪽으로 초속 3미터'가 된답니다. 이제 속력과 속도의 차이를 알겠지요?

제02장
핵심정리

- 속력은 물체가 얼마나 빠른지를 나타낸다.

- 물체의 속력은 물체가 움직인 거리를 걸린 시간으로 나눈 값이다.

- 속도는 물체의 빠르기와 방향을 함께 나타내는 양이다.

제**03**장

달리는 **차 안**에서 **물체**를 밖으로 던지면 **위험**한가요?

교과 연계

초등 5-1 | 4단원 : 물체의 속력
중등 2 | 여러 가지 운동

학습 목표

달리는 차에서 공을 던졌을 때, 차 안에서 보이는 공의 속도와 차 밖에서 보이는 공의 속도를 구해 보고, 갈릴레이의 속도덧셈법칙을 이해한다.

태호 달리는 차 안에서 물체를 던지면 위험하다고 하는데 그 이유는 뭐죠?

아인슈타인 먼저 정지한 상태에서 야구공을 던지는 경우를 생각해 보죠. 철수는 야구공을 초속 10미터로 오른쪽으로 던질 수 있다고 해 보죠. 이때 야구공의 속도는 '오른쪽으로 초속 10미터'가 됩니다.

만일 철수가 버스를 타고 가면서 버스 안에서 야구공을 손으로 잡고 있다고 해 보죠. 아직 야구공을 안 던진 겁니다. 버스가 초속 20미터로 오른쪽으로 움직인다고 하면 버스의 속도는 '오른쪽으로 초속 20미터'가 되지요.

이때 버스 밖에는 태호가 정지한 채로 버스 안을 관찰하고 있다고 해 보죠. 이때 철수의 손에 있는 야구공은 철수가 볼 때와 태호가 볼 때 그 속도가 달라집니다.

철수의 입장에서 보면, 야구공은 자신의 손에 쥐어진 채 움직이지 않으므로 철수가 보는 야구공의 속도는 0이 됩니다. 그럼 태호가 볼 때도 똑같이 야구공이 정지해 있는 걸로 보일까요? 그렇지는 않습니다. 태호가 보면 철수와 야구공은

버스의 속도로 움직이고 있으므로 태호가 보는 야구공의 속도는 버스의 속도와 같은 '오른쪽으로 초속 20미터'이지요.

정말 신기한 일이죠? 왜 같은 야구공인데 철수의 눈에는 정지해 있는 걸로 보이고, 태호의 눈에는 움직이는 걸로 보일까요? 이것은 한 관찰자는 움직이고 있고, 다른 관찰자는 정지해 있기 때문이에요. 이렇게 움직이는 관찰자와 정지해 있는 관찰자가 보는 물체의 속도는 다르답니다.

이번에는 철수가 달리는 버스 안에서 야구공을 던지는 경우를 생각해 봅시다. 속도는 움직이는 관찰자와 정지해 있는 관찰자에게 다른 값으로 나타난다고 했지요? 그럼 철수가 볼 때 달리는 버스에서 야구공을 오른쪽으로 초속 10미터로 던졌다고 해 보죠. 이 야구공을 태호가 보면 야구공의 속도는 어떻게 될까요? 오른쪽으로 초속 10미터로 날아간다는 것은 1초에 10미터를 간다는 것을 말하지요. 철수를 기준으로 할 때 야구공은 1초에 10미터를 가고, 태호를 기준으로 할 때 버스는 1초에 오른쪽으로 20미터를 움직이며, 버스 안에 있는 모든 물체는 버스와 똑같이 1초에 20미터를 움직이게 됩니다. 그러므로 태호의 눈에는 야구공이 1초에 30미터를 날아간 것으로 보이게 됩니다. 여기서 30은 10＋20이지요? 그러므로 태호가 본 야구공의 속도는 철수가 본 야구공의 속도와 버스의 속도의 합이 됩니다. 즉 태호를 기준으로 할 때 야구공의 속도는 버스의 속도만큼 더 빠르게 관측되지요. 이것을 갈릴레이의 속도덧셈법칙이라고 부릅니다.

따라서 거리에 서 있는 사람이 달리는 버스 안에서 던진 야구공에 맞으면 그 사람은 버스 안에서의 야구공의 속도가

아니라 버스의 속도만큼 증가한 속도로 날아온 야구공에 맞게 되므로 큰 부상을 입을 수 있습니다. 그래서 달리는 버스 안에서 물체를 밖으로 던지는 것은 매우 위험한 일이지요.

제03장
핵심정리

- 움직이는 버스에서 버스가 가는 방향으로 던진 야구공을 버스 밖에 정지해 있는 사람이 보면 야구공이 버스의 속도만큼 더해진 속도로 날아가는 것으로 느껴지는데 이것을 갈릴레이의 속도덧셈법칙이라고 부른다.

- 빠르게 달리는 차에서 밖으로 물체를 던지면 물체의 속도가 차의 속도만큼 커지게 되어 거리에 서 있는 사람이 부상을 입을 수 있으므로 매우 위험하다.

제04장

나란히 **달리는 차**가 **정지해** 있는 걸로 보이는 이유는 뭐죠?

교과 연계

초등 5-1 | 4단원 : 물체의 속력
중등 2 | 상대속도

학습 목표

움직이는 물체를 움직이는 관찰자가 볼 때 관찰자가 느끼는 속도를 구해 보고 상대속도에 대해 이해한다.

미나 옆 차선에 나란히 같은 속도로 달리는 차가 정지해 있는 걸로 보이는 이유는 뭐죠?

아인슈타인 차를 타고 가면 거리의 나무들이 뒤로 달리는 것처럼 보이지요? 사실 나무는 움직이지 않는데 말이에요. 또한 액션 영화를 보면 달리는 자동차에서 옆 자동차로 건너 타는 주인공을 본 적이 있지요? 과연 이런 일들이 가능할까요?

이것은 관찰자가 움직이면서 물체를 관찰하기 때문이에요. 여러분이 정지한 상태에서 거리의 나무를 보면 나무는 그 자리에 정지해 있지요. 즉 나무의 속도는 0입니다. 하지만 여러분이 나무를 보면서 오른쪽으로 걸어가면 여러분의 눈에 나무는 왼쪽으로 움직이는 걸로 보이지요.

여러분이 오른쪽으로 초속 4미터로 걸어간다고 해 보죠. 그럼 여러분의 속도는 '오른쪽으로 초속 4미터'가 됩니다. 그런데 여러분의 눈은 여러분과 함께 움직이므로 여러분의 움직임을 볼 수 없어요. 그래서 실제로는 움직이지 않는 나무가 움직이는 걸로 보이는 것이지요. 이렇게 움직이는 관찰자가 보는 물체의 속도를 상대속도라고 불러요. 여러분의 눈에 나무가 왼쪽으로 가는 걸로 보이니까 나무의 상대속도는 '왼쪽으로 초속 4미터'이지요.

나란히 달리는 차가 정지해 있는 걸로 보이는 이유는 뭐죠?

움직이는 물체를 움직이는 관찰자가 보면 어떻게 될까요? 이때도 관찰자는 상대속도를 보게 돼요. 차근차근 설명해 볼까요.

예를 들어 철수가 오른쪽으로 초속 3미터로 걸어가면서 역시 오른쪽으로 초속 8미터로 뛰어가는 태호를 본다고 상상해 보세요. 이때 철수의 눈에 태호의 속도가 '오른쪽으로 초속 8미터'인 것으로 보일까요? 철수가 정지한 상태에서 태호를 보면 그렇게 보이죠. 하지만 철수도 태호와 같은 방향으로 움직이잖아요? 그러니까 1초 동안 태호가 8미터를 가면 철수는 3미터를 가니까 철수의 눈에 태호는 5미터를 간 것으로 느껴지게 될 거예요.

마나 5는 어디서 나왔나요?

아인슈타인 8−3=5이죠? 즉 철수가 보는 태호의 속도는 태호의 실제속도에서 철수의 속도를 뺀 값이 되지요. 이것을 태호의 상대속도라고 불러요. 이렇게 움직이는 관찰자는 물체의 실제속도는 볼 수 없고 상대속도만 볼 수 있답니다.

여기서 재미난 경우가 생겨요. 만일 철수와 태호가 같은 방향으로 같은 속도로 걸어간다면 어떤 일이 생길까요? 우리는 친구와 길을 걸을 때는 대부분 나란히 걸어가죠? 그걸 떠올리면 돼요. 예를 들어 철수는 오른쪽으로 초속 3미터로 걸어가고, 태호도 철수와 나란히 오른쪽으로 초속 3미터로 걸

어간다고 해 보죠. 이때 태호의 실제속도는 '오른쪽으로 초속 3미터'이고 철수의 속도도 '오른쪽으로 초속 3미터'이므로 철수가 보는 태호의 속도(태호의 상대속도)는 3-3=0이 됩니다. 즉 태호의 상대속도가 0이 된 거죠. 0이라는 속도는 정지 상태를 말하잖아요?

그러니까 철수의 눈에 태호는 정지해 있는 것처럼 보이게 됩니다. 이렇게 같은 방향으로 같은 속도로 움직이는 물체를 보면 물체의 상대속도가 0이 되어 물체는 정지해 있는 걸로 보이게 됩니다.

그럼 의문이 풀렸지요? 여러분이 차를 타고 가면서 옆 차선에 나란히 같은 방향으로 같은 속도로 달리는 차를 보면 여러분이 보는 그 차의 상대속도는 0이 되어 그 차가 정지해 있는 것처럼 보이는 것이랍니다.

제 04 장 핵심정리

- 움직이는 관찰자가 보는 물체의 속도는 물체의 실제속도에서 움직이는 관찰자의 속도를 뺀 값이 되는데 이것을 물체의 상대속도라 부른다.

- 차를 타고 가면서 옆 차선에 나란히 같은 속도로 달리는 차를 보면 그 차의 상대속도는 0이 되어 여러분의 눈에 그 차가 정지해 있는 것처럼 보인다.

- 움직이는 관찰자는 물체의 실제속도를 볼 수 없고 항상 상대속도만 보게 된다.

제05장
아인슈타인이 상대성이론을 생각한 동기

📋 교과 연계

초등 5-1 | 4단원 : 물체의 속력
중등 1 | 2단원 : 빛
중등 2 | 여러 가지 운동
교과서 외 | 상대성이론의 정의

📋 학습 목표

아인슈타인이 상대성이론을 생각하게 된 동기는 무엇이며, 상대성이론이 뉴턴 물리학에서의 상대속도 정의에 미친 영향을 알아본다.

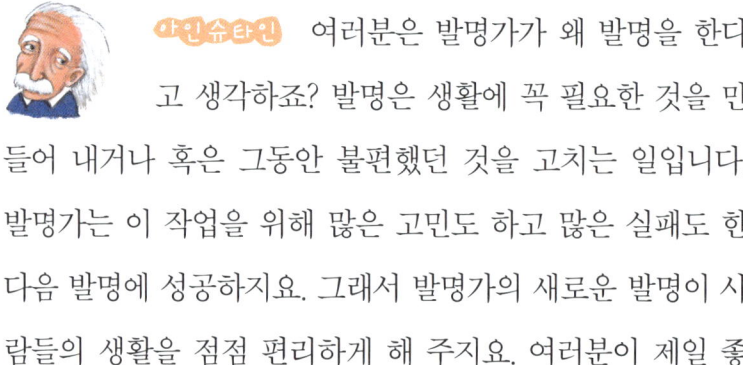

 태호 아인슈타인 박사님은 언제 어떤 동기로 상대성이론을 생각하게 된 거죠?

아인슈타인 여러분은 발명가가 왜 발명을 한다고 생각하죠? 발명은 생활에 꼭 필요한 것을 만들어 내거나 혹은 그동안 불편했던 것을 고치는 일입니다. 발명가는 이 작업을 위해 많은 고민도 하고 많은 실패도 한 다음 발명에 성공하지요. 그래서 발명가의 새로운 발명이 사람들의 생활을 점점 편리하게 해 주지요. 여러분이 제일 좋아하는 휴대폰이나 컴퓨터도 생활을 편리하게 해 주는 발명품이에요.

갑자기 왜 발명 얘기를 하는지 궁금하지요? 새로운 과학을 만들어 내는 과정도 과학자의 고민과 실패를 통해 이루어진답니다. 또 어떤 과학자는 일생을 두고 연구한 문제를 해결하지 못하고 죽는 경우도 있고요. 나는 다행히 어린 시절 품었던 의문을 스스로 해결하고 상대성이론을 만들어 냈어요.

그럼 나를 골치 아프게 했던 질문에 대해 얘기할게요. 이 이야기를 하려면, 고등학교 시절로 거슬러 올라가야 해요. 그

당시, 나는 갈릴레이와 뉴턴의 힘과 운동에 대한 이론을 잘 알고 있었어요. 지금까지 얘기했던 내용이 바로 그것이지요.

그때, 학교를 자주 빠지면서 내 머릿속을 복잡하게 한 문

제가 있었어요. 그것은 빛과 관계가 있는데 한 손에 거울을 들고 빛의 속력으로 날아가면서 거울을 보면 거울에 내가 보일까 하는 문제였지요.

나는 이 질문에 대한 답을 구하고 싶어 먼저 거울에 내가

보이는 과정을 살펴보았어요. 내 얼굴에 부딪친 빛이 거울로 간 후 거울에서 반사되어 내 눈에 들어오는 과정을 통해 거울에 비친 내 얼굴을 볼 수 있는 거죠.

하지만 내가 빛의 속도로 날아간다면 상황은 달라져요.

뉴턴의 물리학대로라면, 거울에 내가 안 보여야 하니까요. 왜 그런지 한 번 생각해 보죠.

내 얼굴에 부딪친 빛이 들고 있는 거울을 향해 날아갈 때 나도 빛의 속도로 날아가잖아요? 그럼 나는 빛의 상대속도를 보게 되지요. 내 속도와 빛의 속도가 같으니까 내가 보는 빛의 속도(빛의 상대속도)는 0이 돼요. 그럼 내 눈에 빛은 정지해 있는 걸로 보이게 될 거예요. 그러므로 빛은 거울로 가지 못하게 되고 나는 내 얼굴을 볼 수 없지요.

이런 이상한 상황이 벌어지는 것은 뉴턴의 물리학 때문입니다. 나는 정말 오랜 시간 동안 '정말 거울에 안 보일까?' 하는 질문에 매달렸어요. 연구를 하는 사람에게 평생 두세 번 정도 위대한 일을 할 수 있는 기회가 온다고 하는데 그때 그 기회를 잡는 사람은 위대한 업적을 남기고, 그렇지 않은 사람은 평범한 삶을 산다고 하더군요. 나는 이 문제가 내 인생을 바꾸어 놓을 문제라고 생각했어요. 하지만 뉴턴의 물리학은 너무도 완벽해 보여 설마 그 이론이 틀릴 것이라고는 생각하지 못했지요.

결국 나는 스위스 연방공과대학을 다니는 동안에도 이 문제를 계속 생각했고, 대학을 졸업하고 2년 동안 직장이 없어서 경제적으로 많이 힘들 때에도, 또 2년 뒤 베른에 있는 특

스위스 베른에 있는 아인슈타인의 아파트

허국 공무원이 되었을 때도 고민하고 또 고민했어요. 베른에서는 아침에 일을 하고, 점심을 먹은 후부터는 직장과 집에서 이 문제만을 고민했지요.

그러다 용기를 냈어요. 아무리 완벽해 보이는 이론도 허점이 있을 수 있다고 생각한 거예요. 나는 그것을 찾아내면 새로운 물리학을 만들 수 있다고 생각했어요. 그리고는 뉴턴의 물리학이 혹시 틀린 이론일지도 모른다고 생각하게 되었지요.

과학을 공부하는 사람들은 항상 자신이 공부하는 이론이

혹시 틀린 이론일 수 있다는 것을 생각해야 합니다. 과학은 독실한 기독교 신자가 믿는 성경처럼 절대적인 것은 아니니까요. 이런 시도가 바로 새로운 과학을 만들 수 있는 첫 번째 시작점이지요. 즉, 과학 문제나 수학 문제를 남보다 더 잘 풀 수 있다고 해서 훌륭한 과학자는 아닙니다. 그 사람들은 단지 공부를 잘하는 학생일 뿐이지요. 과학의 역사에서 새로운

과학을 만들어 낸 사람 중에는 패러데이나 에디슨처럼 공부를 잘 못했던 사람들도 많아요. 하지만 그들은 그들에게 온 기회를 놓치지 않았어요.

여러분도 끊임없이 의문을 갖고 스스로 그 의문에 대해서 답을 찾으려는 노력을 하세요. 그러면 새로운 세계를 여는 훌륭한 과학자가 될 수 있을 겁니다.

제 05 장
핵심정리

- 상대성이론의 계기가 된 문제는 다음과 같다. '한 손에 거울을 들고 빛의 속력으로 날아가면서 거울을 보면 거울에 내가 보일까?'

- 뉴턴 물리학의 상대속도의 정의에 의하면 내 얼굴에 부딪친 빛은 나와 같은 속도로 같은 방향으로 움직이므로 거울에 도달할 수 없다. 그러므로 거울에는 내 얼굴이 보이지 않는다.

- 하지만 뉴턴 물리학의 상대속도의 정의가 달라진다면 상황은 달라질 수 있다. 완벽해 보이는 뉴턴의 물리학에도 허점이 있지 않을까?

제06장

정지해 있는 사람이 **자동차**에서 나오는 **빛**을 관측하면 **빛의 속도**보다 커지나요?

교과 연계

- 초등 3-2 | 2단원 : 빛의 나아감
- 초등 5-1 | 2단원 : 물체의 속력
- 중등 1 | 2단원 : 빛의 반사
- 중등 2 | 1단원 : 여러 가지 운동

학습 목표

빛의 속도와 성질을 알고, 아인슈타인이 특수상대성이론을 증명하기 위해 사용한 가정을 이해하여 현대 물리학에 미친 영향을 알아본다.

💬 **미나** 정지해 있는 사람이 자동차에서 나오는 빛을 관측하면 빛의 속도보다 커지나요?

아인슈타인 빛은 세상에서 가장 빨리 움직이죠. 1초에 30만 킬로미터를 움직이니까요. 이런 속력이라면 지구 한 바퀴가 4만 킬로미터니까 빛의 속력으로는 1초에 지구를 7바퀴 반 돌 수 있고 달까지 가는 데는 2초도 안 걸려요.

이렇게 빠른 빛에 대해 다음과 같이 생각해 보죠. 어떤 사람이 양초를 들고 달리면 양초에서 나오는 빛의 속도는 그 사람이 달리는 속도만큼 커질까요? 물론 속도덧셈법칙대로라면 그렇게 돼야 하는 게 당연합니다. 이 사람이 점점 빨리 뛰면 양초에서 나오는 빛의 속도도 점점 더 커지게 되는 거지요.

하지만 나는 의문이 생겼어요. 거울 문제에 고민하면서 혹시 뉴턴의 속도덧셈법칙과 상대속도의 개념이 빛에 대해서는 적용되지 않을지도 모른다는 생각이 떠오른 것이지요. 그래서 빛이 속도덧셈법칙과 상대속도의 개념을 따르지 않고,

 움직이는 관찰자가 보든 정지해 있는 관찰자가 보든 똑같은 속도로 보인다고 가정했어요.
 이 가정은 뉴턴 물리학대로라면 옳지 않지요. 하지만 이런 가정을 한다면 그동안 나를 골치 아프게 해 온 거울 문제는 새로운 답을 주게 돼요. 내가 빛의 속도로 달리면서 거울을 보든 정지해서 거울을 보든 거울로 달려가는 속도가 빛의 속

도 그대로이니까 내가 빛의 속도로 달린다 해도 나에게 부딪친 빛은 빛의 속도로 거울로 날아갔다가 거울에 반사되어 내 눈에 들어올 테니까요. 그럼 난 거울 속에 비친 내 얼굴을 보게 되지요.

나는 이것이 더 자연스러운 일이라고 생각했어요. 하지만 이런 가정을 하기 위해서는 존경하는 갈릴레이와 뉴턴의 물리학을 송두리째 흔들어야 했어요. 그래서 수많은 고민을 했고, 베른에 사는 동안에는 매주 올림피아 아카데미라는 토론 클럽을 만들어 많은 사람들과 이 문제에 대한 토론을 하곤

아인슈타인(오른쪽)과 올림피아 아카데미의 회원들

했지요.

결국 나는 용기를 내어, 빛이 속도덧셈법칙이나 상대속도의 개념을 만족하지 않는다고 가정하면 어떤 새로운 물리학이 만들어지는지에 대한 연구를 했고, 이 내용을 1905년 특수상대성이론이라는 논문으로 발표했어요.

논문이 발표된 후 물리학자들은 내 새로운 물리학 이론을 인정하는 그룹과 미치광이 과학자로 생각하는 그룹으로 나뉘었어요. 하지만 나는 언젠가 내 이론이 실험적으로 입증될 거라고 믿고 새로운 이론에 대한 연구를 포기하지 않았지요.

 <mark>미나</mark> 박사님, 특수상대성이론에서 특수는 무엇을 뜻하는 건가요?

 <mark>아인슈타인</mark> 상대성이론은 1905년에 발표한 <u>특수상대성이론</u>과 1915년 발표한 <u>일반상대성이론</u>이 있어요. 수학을 공부할 때 우리는 특수한 경우를 먼저 풀고 나중에 일반적인 문제를 풀잖아요? 예를 들어, $ax-2=0$과 같은 특수한 꼴의 방정식을 푼 다음 일반적으로 $ax+b=0$이라는 방정식을 푸는 방법을 배우게 되지요. 그

아인슈타인의 최초 논문, 1905년

래서 나는 특수한 경우를 먼저 다루고 나중에 일반적인 경우를 다루기로 결심한 거죠.

물체가 움직일 때는 두 종류의 운동이 있어요. 하나는 속도가 변하는 운동이고, 다른 하나는 속도가 변하지 않는 운동이지요. 우리가 차를 타고 달리면서 자

일정한 속도로 움직이는 에스컬레이터

동차의 속도계를 보면, 매 순간 서로 다른 속도를 나타내지요. 차가 빨리 달릴 때는 큰 속도를, 길이 막혀 제자리걸음할 때는 작은 속도를 나타내지요. 이렇게 속도가 계속 달라지는 운동이 바로 일반적인 운동이에요. 그중 특수한 경우가 에스컬레이터를 탈 때처럼 또는 공항의 자동 보행도로를 탈 때처럼 일정한 속도로 움직이는 경우이죠. 나는 일정한 속도로 물체가 움직이는 경우가 속도가 변하는 경우보다 쉽기 때문에 먼저 이 경우에 대한 상대성이론을 만들기로 했습니다.

나는 빛의 속도가 관찰자가 움직이고 있든 정지해 있든 달라지지 않는다고 가정했어요. 그리고 빛의 속도는 세상에서 가장 크고, 어떤 경우라도 빛의 속도보다 커질 수 없다는 게 내 생각이었지요. 과거 뉴턴이나 갈릴레이는 속도는 무한히 커질 수 있다고 생각했는데 특수상대성이론은 속도에 최대값이 생기니까 모든 법칙들이 달라져야 해요. 그래서 물체의 속도가 빛의 속도처럼 빨라지면 속도덧셈법칙이나 상대속도와 같은 운동법칙이 달라질 거라고 여겼지요. 그리고 나는 달라진 공식들을 찾는 데 성공했어요.

내가 이 이론을 발표하고 7년 뒤인 1912년 네덜란드의 드 지터라는 물리학자가 빛의 속도가 갈릴레이 뉴턴의 속도덧셈법칙을 따르지 않는다는 것을 확인했어요. 어떤 별들은 두 개의 무게가 같은 별이 서로 가까이 붙어 있어요. 그리고 두 별은 가운데를 중심으로 빙글 도는데 이런 두 별을 쌍둥이별이라고 합니다. 드 지터는 쌍둥이별 두 개에서 지구로 오는 별빛의 속도를 측정했어요.

두 별 중 하나의 별이 지구로부터 멀어지면 그와 반대쪽에 있는 별은 지구에 가까워지지요. 이 경우 지구로부터 멀어지는 별에서 나온 빛의 속도는 뉴턴의 물리학대로라면 뒤로 움직이는 별의 속도와 원래의 빛의 속도의 합이 되어 속도의 크기가 줄어들기 때문에 작은 속도로 관측되어야 하고, 지구에 가까워지는 별은 더 큰 속도로 관측되어야 하지요. 그러나 드 지터의 관측 결과 두 경우 빛의 속도는 똑같이 초속 30만 킬로미터로 나타났어요. 이것은 빛의 속도가 빛을 발사하는 별의 속도의 영향을 받지 않는다는 것을 의미하지요. 즉, 내 예상대로 빛의 속도가 어떤 경우에도 달라지지 않는다는

정지해 있는 사람이 자동차에서 나오는 빛을 관측하면……

것을 보여준 셈이지요. 이 확인으로 내 특수상대성이론을 믿는 과학자들이 점점 많아졌고 나는 대학 교수가 되어 좀 더 안정되게 새로운 물리학을 연구할 수 있었어요.

제06장
핵심정리

- 빛의 속력은 어떤 경우에도 변하지 않는다. 즉, 움직이는 물체에서 나온 빛의 속도나 정지해 있는 물체에서 나온 빛의 속도나 같은데 이것을 광속불변의 원리라고 부른다.

- 이 세상에서 가장 빠른 것은 빛이고, 빛보다 빠르게 움직이는 물체는 없다.

- 광속불변의 원리는 쌍둥이별에서 나오는 두 빛의 속도가 같다는 관측으로부터 확인되었다.

제07장

미래로 가는 타임머신

📄 교과 연계

초등 5-1 | 2단원 : 물체의 속력

▶

📄 학습 목표

빛의 속도가 일정하다고 할 때, 특수상대성이론에서 바뀌는 요소는 무엇이며 이 경우, 타임머신이 실제로 존재할 수 있을지 그 가능성을 생각해 본다.

태로 특수상대성이론에 의하면 미래로 여행하는 타임머신을 만들 수 있나요?

아인슈타인 빛의 속도가 어떤 경우에도 달라지지 않기 때문에 미래로 가는 타임머신을 만들 수 있어요. 예를 들어 다음과 같이 생각해 보죠. 어떤 남자가 버스 안에 타고 있어요. 그리고 버스 밖에는 여자 한 명이 서 있고요. 버스가 움직이는 순간, 버스에 탄 강아지 한 마리가 버스가 가는 방향으로 움직인다고 해 보죠.

버스 안에 있는 남자가 볼 때 강아지가 움직인 거리와 버스 밖에 있는 여자가 볼 때 강아지가 움직인 거리 중 어느 게 더 길까요? 당연히 버스 밖의 여자가 본 거리가 더 길어요.

이 강아지가 1초에 2미터를 움직이고 버스가 1초에 10미터를 움직인다고 해 보죠. 남자는 버스와 함께 움직이니까 강아지가 1초에 2미터를 움직였다고 할 거예요. 하지만 버스 밖에 있는 여자는 버스와 강아지가 함께 움직이니까 갈릴레이의 속도 덧셈 규칙에 따라 강아지가 1초에 2+10=12미터를 움직였다고 보게 되지요. 즉 버스 안에 있는 남자가 볼

때는 강아지가 짧은 거리를 움직였고 버스 밖에 있는 여자가 볼 때 강아지는 긴 거리를 움직였어요.

뉴턴 물리학에서는 모든 사람에게 시간은 같은 비율로 흐르니까 남자와 여자의 시간이 같지요. 그림 (거리)=(속도)×(시간)이니까 남자는 강아지의 속도가 작은 것으로, 여자는 강아지의 속도가 큰 것으로 느끼게 될 거예요.

만일 버스 안에서 움직이는 것이 강아지가 아니라 빛이라면 상황이 달라질 거예요. 빛은 누구에게도 어떤 상황에서도 같은 속도로 관측되니까요. 그렇다면 빛이 버스 안에서 움직였다고 해 보죠. 버스 안의 남자가 볼 때 빛이 움직인 거리는 짧고, 버스 밖의 여자가 볼 때 빛이 움직인 거리는 길지요. 하지만 두 사람이 측정한 빛의 속도는 같으니까 다음과 같이 될 거예요.

남자와 여자에게 빛의 속도가 같은 값으로 관측되기 위해서는 두 사람에게 빛이 움직인 시간이 다른 값으로 관측되어야 합니다. 즉, 남자에게는 빛이 짧은 시간을 움직인 것으로, 여자에게는 긴 시간을 움직인 것으로 관측되어야 하지요.

남자는 버스와 함께 움직이는 사람이고, 여자는 정지해 있

(짧은 거리) = (작은 속도) × (시간)

(긴 거리) = (큰 속도) × (시간)

는 사람이니까 이것은 움직이는 사람과 정지해 있는 사람의 시간이 다르게 흐른다는 것을 의미합니다. 즉, 움직이는 사람의 시간이 정지해 있는 사람의 시간보다 느리게 흐르는 겁니다. 시간이 다르게 흐른다는 것은 뉴턴의 운동법칙을 완전히 뒤바꾸는 혁명이에요. 뉴턴의 운동법칙에서는 어떤 사람에게나 시간은 똑같이 흐르기 때문이지요.

이렇게 정지한 사람과 움직이는 관찰자에게 시간이 다르게 흐른다는 것이 미래로 움직이는 타임머신의 원리예요. 예를 들어 버스 안의 사람에게 시간이 1초 흐를 때 버스 밖의

(짧은 거리) = (빛의 속도) × (빛이 움직인 시간)

(긴 거리) = (빛의 속도) × (빛이 움직인 시간)

사람에게 10초 흐른다고 해 봐요. 그럼 이 남자가 버스를 타고 1초 후에 내리면 자신은 1초 후가 되지만 밖은 10초 후가 되므로 이 사람은 9초만큼 미래로 가게 된 거지요.

버스가 아니라 빛의 속도처럼 아주 빠른 로켓을 타고 여행을 한다면 로켓 안에서 1초 흐를 때 지구에서는 10년 흐를 수도 있어요. 그럼 이 사람이 2초 동안 로켓을 타고 여행을 하고 돌아오면 지구는 20년 후가 되잖아요? 그러니까 이 사람은 20년 후의 미래로 가게 된 거지요. 이렇게 미래로 가는 타임머신은 빠르게 움직이는 로켓이라고 할 수 있어요.

태호 그럼 왜 비행기를 타고 여행을 하면 미래로 가지 않나요?

아인슈타인 빠르다는 것은 상대적인 겁니다. 비행기가 다른 자동차나 기차보다는 빠르지만 빛의 속도에 비하면 아주 느리지요.

사람들이 발명한 것 중에서 가장 빠른 것은 로켓이라고 할 수 있어요. 로켓의 속력은 초속 10킬로미터 정도나 되지만 빛의 속력인 초속 30만 킬로미터에 비하면 굉장히 느리기 때문에 우리는 이런 로켓을 타고 여행을 해도 0.000000001초보다 더 가까운 미래로밖에 이동할 수 없어요. 그리고 이렇게 짧은 시간 동안은 우리 주위가 달라지는 게 거의 없겠지요? 그래서 우리는 미래로 갔다는 것을 전혀 못 느끼게 되는 거지요. 하지만 언젠가 인류가 빛처럼 빠른 로켓을 발명하게 되면 우리는 미래로 자유로이 여행을 다닐 수 있을 거예요.

그럼 과거로의 시간여행도 빛처럼 아주 빠르게 움직이면 가능할까요? 영화 〈백 투 더 퓨처〉를 보면 아주 빨리 달리는 자동차로 미래로도 갔다가 과거로도 갔다가 하지요? 번개의 전기를 이용하여 전기자동차가 어마어마하게 빠른 속도를 내서 미래로 가잖아요. 빠르게 움직여 미래로 가는 것은 가능해요. 하지만 이 방법으로는 과거로 이동할 수 없어요. 과거로 여행하는 방법은 나중에 설명해 줄게요.

과학자들은 움직이는 곳의 시간이 천천히 흐른다는 것을 확인했어요. 그들은 시속 1000킬로미터로 날아가는 제트기를 이용했지요. 제트기가 지구를 한 바퀴 돈 다음 제트기 안의 시계와 지상의 시계를 비교하는 거지요. 물론 제트기의

속력이 빛의 속력에 비해 아주 느리기 때문에 아주 정확한 시계가 필요해요. 그래서 과학자들은 10억분의 1초까지 정확하게 잴 수 있는 원자시계를 사용했지요. 그 결과 제트기 안의 시계가 지상의 시계보다 천천히 흐른다는 것을 확인했어요. 물론 그 차이는 아주 작지만 말이에요. 아무튼 제트기를 타고 돌아온 조종사는 아주 가까운 미래로 여행을 한 셈이에요. 너무 짧은 시간 후의 미래라 변화를 느낄 수 없었지만요.

제 07 장
핵심정리

- 특수상대성이론에 따르면 움직이는 곳의 시간이 정지해 있는 곳의 시간에 비해 천천히 흐른다.

- 빛에 가까운 아주 빠른 속도로 여행하면 미래로 시간여행을 할 수 있다.

- 움직이는 곳과 정지해 있는 곳의 시간이 다르게 흐른다는 것을 제트기와 원자시계를 이용해 확인했다.

제08장

아인슈타인의 유명한 공식 $E=mc^2$이 뭔가요?

교과 연계

대학 물리 과정 | 핵물리

학습 목표

- 무게와 질량의 차이점을 이해하고, 또한 특수상대성이론의 공식을 알고 공식이 말해주는 의미를 살펴본다.
- 아인슈타인의 위대한 공식 $E=mc^2$이 현대물리학에 미친 영향을 알아본다.

미나 아인슈타인 박사님 하면 떠오르는 것이 $E=mc^2$인데 이게 도대체 무엇을 나타내는 식인가요?

아인슈타인 우선 이 질문에 대답하기 전에 특수 상대성이론에서 시간과 더불어 또 달라지는 양을 강조해야겠어요. 그것은 바로 질량이에요. 질량은 물체의 무거운 정도를 나타내는 양으로 주로 단위는 킬로그램이나 그램을 사용하지요.

흔히들 질량과 무게를 혼동하는데 무게는 질량과 달라요. 무게는 물체를 지구가 잡아당기는 힘이에요. 이 힘을 지구의 중력이라고도 부르지요. 즉, 무게는 물체가 받는 지구 중력의 크기이지요. 그러므로 순수하게 물체의 무거운 정도를 나타내는 양은 무게가 아니라 질량이에요.

뉴턴 물리학에서 질량은 어떤 경우라도 달라질 수 없어요. 다만 무게는 달라질 수 있지요. 가령 어떤 사람이 달에 갔다고 해 보죠. 이때 달이 이 사람을 잡아당기는 힘(달의 중력)은 지구가 이 사람을 당기는 힘(지구의 중력)보다 작아요. 따라서 달에서 이 사람의 무게는 지구에서의 무게보다 작지요. 하지만 달에서 이 사람의 질량은 달라지지 않아요. 이렇게 뉴턴 물리학에서 질량은 어떤 상황에서도 달라지지 않는 물체 고유의 성질이지요.

하지만 특수상대성이론에 따르면 물체가 움직이는지 정지해 있는지에 따라 질량이 달라져요. 움직일수록 질량이 점

점 커지지요. 예를 들어 질량이 60kg인 사람이 빛의 속도의 60%로 달리면 달릴 때의 질량이 75kg이 되고, 빛의 속도의 90%로 달리면 약 138kg으로, 빛의 속도의 99.9%로 달리면 약 342kg으로 늘어나지요.

왜 빨리 달리면 질량이 커질까요? 다음과 같은 비유를 들어 설명해 보죠.

수레에 짐을 가득 싣고 수레를 밀었더니 수레가 안 움직였다고 해 봐요. 그건 짐이 너무 무겁기 때문이죠. 물체는 무거울수록 잘 안 움직이려고 하는 고집이 있어요. 수레에서 짐을 조금 덜어내면 수레가 천천히 움직이기 시작할 거예요. 덜어낸 짐만큼 가벼워졌으니까요. 하지만 아직도 짐의 무게 때문에 빠르게 움직일 수는 없어요. 이때 천천히 움직인다는 것은 속도가 작다는 것을 말하지요. 다시 한 번 정리해 볼까요. 수레에 짐이 있을 때 우리가 수레를 밀면 수레는 정지 상태(속도=0)로부터 작은 속도로 움직이는 상태가 되지요. 이때의 속도 변화는 작아요.

이번에는 수레의 짐을 모두 덜어내고 빈 수레를 같은 힘으로 밀면 수레는 아주 빠르게 움직일 거예요. 아주 빠르다는 것은 속도가 크다는 것을 말하지요. 즉, 가벼워진 수레는 정지 상태에서 큰 속도로 움직이는 상태로 바뀌지요. 이것을 다른 말로 하면 속도의 변화가 크다고 말할 수 있어요.

　이제 생각을 거꾸로 해 보죠. 빛의 속도는 어떤 경우라도 달라지지 않는다고 했지요? 그리고 빛의 속도는 우주에서 가장 빠르다고 했고요. 즉, 빛의 속도는 속도 중에서 1등이에요. 그러니까 물체의 속도가 빛의 속도에 비해 엄청나게 느린 경우에는 물체의 속도를 충분히 크게 만들어 줄 수 있어요. 그때 물체의 속도의 변화는 크겠지요. 좀 전에 물체가 가벼울수록 물체의 '속도 변화'가 크다고 했지요? 그러므로 물체의 속도가 빛의 속도에 비해 엄청나게 느린 경우는 물체의 질량이 작은 경우에 해당되는 겁니다.

　그럼 물체의 속도가 빛의 속도에 가까울 정도로 크다면 어떻게 될까요? 이때 물체는 아무리 빨라도 빛의 속도보다 커질 수 없으므로 속도 변화를 크게 하기 힘들어져요. 즉, '속도 변화'가 작을 수밖에 없지요. 무거운 물체의 경우 '속도 변화'가 작다고 했지요? 그러므로 물체의 속도가 빛의 속도에 가까울 정도로 큰 경우는 물체의 질량이 큰 경우에 해당되지요.

　이 두 예로부터 물체는 빛의 속도에 가까워질수록 질량이 점점 커진다는 것을 알 수 있어요. 즉, 빨리 움직일수록 점점 무거워지지요. 하지만 이 효과 역시 빛의 속도에 가까울 정도로 빠르게 움직일 때 느낄 수 있기 때문에 우리가 달리기를 하거나 차를 타고 달릴 때는 거의 질량의 변화를 느낄 수 없어요.

자! 이제 질문한 $E=mc^2$이라는 공식에 대해 얘기해 볼까요. 이 공식은 물체의 운동에너지를 나타내는 공식이에요. 초등학생에게는 조금 어려운 공식이므로 하나씩 설명하지요.

이 식에서 E는 물체의 운동에너지를 뜻해요. 그리고 m은 물체의 질량을 뜻해요. 물론 물체가 움직이고 있다면 질량은 정지해 있을 때의 물체의 질량보다 큰 값이 되지요. 그리고 c는 빛의 속도를 나타내죠.

이제 mc^2이 궁금하죠? 여기서 c^2은 'c의 제곱'이라고 읽는데 $c \times c$를 뜻하지요. 그리고 mc^2은 m과 c^2의 곱인데 곱하기 기호를 생략한 식이에요. 그러니까 mc^2은 질량과 빛의 속도의 제곱과의 곱이지요. 즉, $E=mc^2$은 물체가 움직이면 질량이 커지는데, 커진 질량에 빛의 속도의 제곱을 곱한 것이 물체의 운동에너지가 된다는 얘기지요.

자! 이제 수식의 정체는 알겠지요? 그러므로 이 식은 물체가 움직이면 질량이 커지면서 에너지를 만들어 낸다는 것을 의미해요. 즉, 물체가 움직이면 속도에 따라서 질량 m이 결정되고 그때 $E=mc^2$에 따라 운동에너지가 결정되지요. 그래서 이 관계식을 '질량과 에너지는 같은 역할을 한다'라고 해석하기도 합니다. 나의 위대한 공식 중 하나지요.

제 08장
핵심정리

- 특수상대성이론에 따르면 움직이는 물체의 질량은 정지해 있을 때보다 커진다.

- 움직이는 물체의 질량은 물체의 속도가 클수록 더욱 커진다.

- $E=mc^2$은 물체의 운동에너지를 나타내는 공식이다.

제 09장

아인슈타인의 4차원 우주

교과 연계

교과서 외 | 4차원 공간의 개념

학습 목표

우리가 존재하고 있는 공간을 비롯해 차원이라는 개념을 이해하고 뉴턴과 아인슈타인의 개념에 대한 차이점을 알아본다.

태호 아인슈타인 선생님은 우주가 4차원이라고 했다는데 4차원이란 뭔가요?

아인슈타인 4차원은 만화 영화에도 많이 나오죠? 주인공 소녀가 4차원의 마왕에게 납치되어 소녀의 남자 친구가 소녀를 구하러 4차원으로 들어가는 만화를 엄마 아빠는 어린 시절에 본 적이 있을 거예요.

또, 누군가 행방불명되면 그 사람이 4차원으로 사라졌다고들 하지요. 예를 들어 버뮤다 삼각지대로만 가면 배들이 사라지는 것도 4차원으로 사라져 버렸다고 얘기들 하지요.

4차원이 있다면 1차원, 2차원, 3차원도 있겠지요? 그렇다면 차원이란 뭘까요?

우리가 일직선에서만 움직인다고 해 보죠. 그럼 우리는 한 방향으로만 움직일 수 있죠? 이렇게 움직일 수 있는 방향이 한 방향인 직선을 1차원 공간이라고 불러요.

그럼 2차원은 뭘까요? 2차원은 일차원 공간 두 개가 수직으로 만나 만들어내는 면을 말해요. 이때 서로 다른 이동 방

향은 가로 방향과 세로 방향인 두 방향이 되지요.

같은 방법으로 3차원 공간을 생각할 수 있어요.

3차원 공간은 바로 입체가 되지요. 이때 서로 다른 이동 방향은 가로 방향, 세로 방향, 그리고 위아래 방향의 세 방향이 되지요.

이런 식으로 올라가면 4차원 공간을 생각할 수 있지요.

4차원 공간은 3차원의 세 방향에 또 하나의 방향이 더해지는 것을 말해요. 그것은 바로 시간 방향이에요. 우리는 특수상대성이론에서 빠르게 움직이면 미래로 갈 수 있다고 배웠어요. 즉, 뉴턴 물리학과 달리 아인슈타인의 상대성이론에서는 시간이동도 가능하지요. 그래서 세 방향의 공간이동과 한 방향의 시간이동이 합쳐져 4차원 이동이 가능해지므로 나의 우주는 4차원 공간이 되어야 하는 거예요.

제09장
핵심정리

- 1차원 공간은 선, 2차원 공간은 면, 3차원 공간은 입체를 나타낸다.

- 뉴턴이 생각한 우주는 3차원의 공간이고, 아인슈타인이 생각한 우주는 시간 1차원과 공간 3차원이 더해진 4차원 공간이다.

제10장
아인슈타인의 일반상대성이론

교과 연계

초등 5-1 | 4단원 : 물체의 속력

학습 목표

일반상대성이론이 무엇인지 알아보고 아인슈타인 방정식도 살펴본다.

미나 일반상대성이론은 어떤 것을 다루는 이론인가요?

아인슈타인 앞에서 특수상대성이론은 물체의 속도가 변하지 않는 경우에만 성립하는 상대성이론이라고 얘기했지요? 나는 특수상대성이론을 완성하고 10년 동안 속도가 변하는 운동에 대해서도 성립하는 일반적인 상대성이론(일반상대성이론)을 찾기 위해 연구에 연구를 거듭했어요.

그리고 속도가 변하는 운동이 무엇인가 다시 고민하게 되었지요. 어떤 속도로 움직이고 있는 물체에 힘을 작용하지 않으면 물체의 속도는 변하지 않아요. 이것은 물체의 속도를 변하게 하는 것이 힘이라는 뜻이지요.

떨어지는 돌멩이가 점점 빨라지는 이유도 바로 돌멩이가 힘을 받기 때문이에요. 그 힘은 바로 지구가 돌멩이를 잡아당기는 힘인 중력이지요. 즉, 특수상대성이론을 일반상대성이론으로 확장하는 문제는 중력에 대한 새로운 고민을 하는 것이 되었지요.

하지만 우주에는 지구만 있는 것이 아니잖아요? 달처럼 지구보다 중력이 작은 천체도 있고, 목성이나 태양처럼 지구보다 중력이 큰 천체도 있으니까요. 그래서 나는 '우주를 이루는 수많은 천체들이 만드는 중력이 우주의 모양을 어떻게 변하게 할까?' 그것을 고민했어요.

그리고는 중력을 가진 수많은 천체들이 우주를 휘어지게 한다는 것을 알아냈지요. 잘 이해가 안 되죠? 우주가 휘어진다는 것이. 예를 들어, 지구에서 돌멩이를 떨어뜨리는 경우와 달에서 돌멩이를 떨어뜨리는 경우는 다른 모습이 돼요. 달은 지구보다 중력이 작아서 달에서는 돌멩이가 작은 힘을 받아 천천히 떨어져요. 즉, 달에서는 중력에 의한 물체의 속도 변화가 작아요. 반대로 태양에서 물체를 떨어뜨린다면 태양은 지구보다 중력이 훨씬 크니까 아주 빠르게 떨어질 거예요. 즉, 태양에서는 중력에 의한 물체의 속도 변화가 크지요.

나는 이것과 우주의 모양을 대응시켜 보기로 했어요. 예를 들어 평평한 면 위에 구슬을 놓으면 구슬은 움직이지 않을

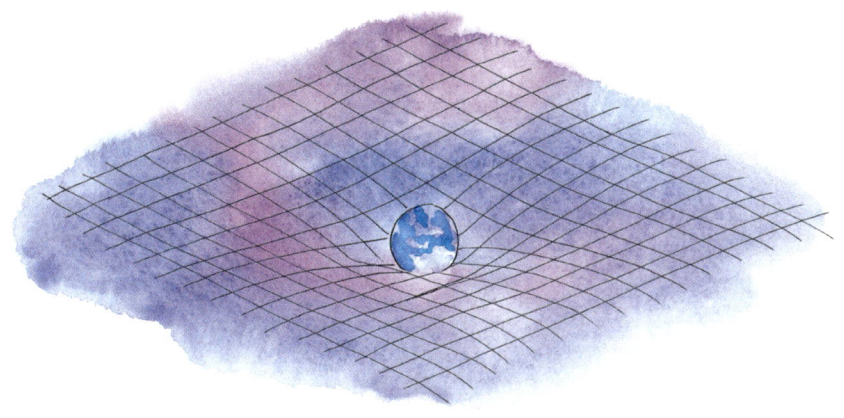

거예요. 하지만 움푹 파인 구덩이의 가장자리에 놓으면 구슬은 구덩이 안으로 굴러 내려가지요. 물론 구슬은 내려가면서 점점 빨라질 거예요.

　경사가 급한 구덩이와 경사가 완만한 구덩이 중 어느 구덩이에서 더 빨리 굴러 내려갈까요? 당연히 경사가 급한 구덩이일 거예요. 더 빨리 굴러 내려간다는 것은 속도의 변화가 크다는 것을 말하지요? 그래서 나는 중력에 의한 속도의 변화가 큰 천체가 있는 곳은 우주에 경사가 급한 구덩이를 만들고, 중력에 의한 속도의 변화가 작은 천체가 있는 곳은 우주에 경사가 완만한 구덩이를 만들고, 중력을 가진 천체가 없는 곳은 구덩이가 안 생긴다고 생각했지요.

　우주에는 수많은 별과 행성 그리고 위성들이 있으므로 천체들이 가진 중력의 크기에 따라 다양한 경사를 가진 구덩이들이 있어 우주는 곳곳이 휘어진 모습이라는 게 내 생각이지요. 이 생각을 수식으로 만든 것이 그 유명한 아인슈타인 방정식이에요. 워낙 어려운 수학이 사용되어 수식을 소개할 수는 없지만 간단하게 말하면 다음과 같아요.

> **아인슈타인 방정식**
> 우주의 어떤 곳에서의 휘어진 정도는
> 그곳에서의 중력의 크기에 비례한다.

미나 일반상대성이론이 실험적으로 확인되었나요?

아인슈타인 물론이에요. 일반상대성이론은 천체들의 중력 때문에 우주가 휘어지는 정도를 나타내는 이론이에요. 그리고 나는 우리 태양계에서도 태양이 가장 중력이 크기 때문에 그 부분에서 가장 경사가 급하게 휘어져 있을 것이라고 생각했지요. 그럼 태양 주위는 우주 공간이 휘어져 있으므로 태양 근처를 지나는 빛은 휘어질 것이라고 예언했어요. 평평한 곳에서 공을 굴리면 공은 똑바로 굴러가지만 구덩이의 가장자리를 지나 굴러가면 공은 구덩이 근처를 지나면서 휘어지니까요.

　일반상대성이론이 나오고 3년 후인 1919년 5월 29일 영국 그리니치 천문대의 에딩턴 대장이 태양 근처를 지나 지구로 오는 별빛이 휘어진다는 것을 관측했어요.
　1919년 11월 6일 에딩턴 그룹은 그 관측 결과를 런던의 왕립 천문학회에 발표해 내가 예언한 '중력에 의한 빛의 휘어짐'을 확인해 주었어요. 그리고 이것은 일반상대성원리가 옳다는 것을 전 세계에 알리는 혁명적인 사건이 되었어요.
　발표 다음날 〈런던 타임스〉지에서는 일반상대성원리를 '과학의 혁명', '우주의 새 이론', '뉴턴 역학이 깨졌다' 등으로 다루었고, 11월 11일 〈뉴욕 타임스〉지는 '하늘나라의 빛이 모두 휜다', '아인슈타인 이론의 승리' 등으로 일반상대성이론을 칭찬했답니다.

제10장
핵심정리

- 일반상대성이론은 우주를 이루는 천체들의 중력에 의해 우주가 어떤 모양을 이루는가를 다루는 물리학이다.

- 아인슈타인 방정식 – 우주의 어떤 곳에서의 휘어진 정도는 그곳에서의 중력의 크기에 비례한다.

- 1919년 5월 29일 영국 그리니치 천문대의 에딩턴 대장은 아인슈타인이 예언한 대로 태양 근처를 지나 지구로 오는 별빛이 휘어진다는 것을 관측했다.

제11장

블랙홀과 과거 여행

📂 **교과 연계**

교과서 외 | 블랙홀이야기

📂 **학습 목표**

블랙홀이 무엇인지와 그 성질에 대해 알아본다.
그리고 과거로의 시간 여행이 블랙홀을 통해 어떻게 가능한지에 대해서도 알아본다.

태호 블랙홀 안으로 들어가면 어떤 일이 벌어지죠? 그리고 블랙홀은 왜 생기는 거죠?

아인슈타인 우주에 중력이 큰 천체가 있으면 그곳이 크게 휘어진다고 했지요? 그럼 중력이 엄청나게 큰 천체가 있다면 그곳은 너무 가파르게 휘어져서 우리 우주에 구멍을 만들 거예요. 그럼 이 가파른 경사의 구멍으로 끌려들어간 물질은 도저히 밖으로 튀어나올 수 없지요. 이렇게 중력이 너무 커서 우주에 생긴 구멍을 블랙홀(검은 구멍)이라고 불러요.

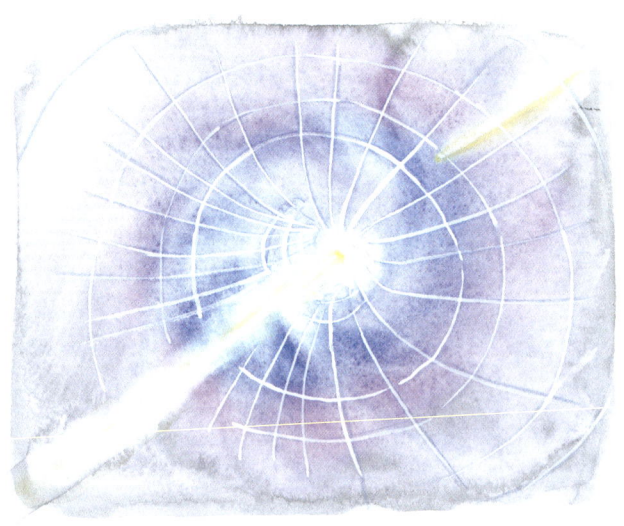

　블랙홀은 아주 무거운 별이 죽으면서 만들어져요. 별도 사람처럼 영원히 살지 못해요. 늙은 별이 되면 별은 점점 쪼그라드는데 이때 무거운 별이 쪼그라들면 블랙홀이 돼요.

　하지만 모든 별이 죽어서 블랙홀이 되지는 않아요. 별 중에서 가벼운 별에 해당하는 태양은 죽어도 블랙홀이 되지 않아요. 반면에 밤하늘에 푸르게 빛나는 시리우스별은 아주 무거운 별이기 때문에 죽으면 블랙홀이 되지요. 우리 은하의 중심에도 아주 무거운 별들이 많이 있어요. 그리고 이 별들 중 죽은 별들은 우리 은하 중심에서 블랙홀이 되었지요.

　블랙홀 안으로 들어가면 어떤 일이 벌어질까요? 블랙홀 안

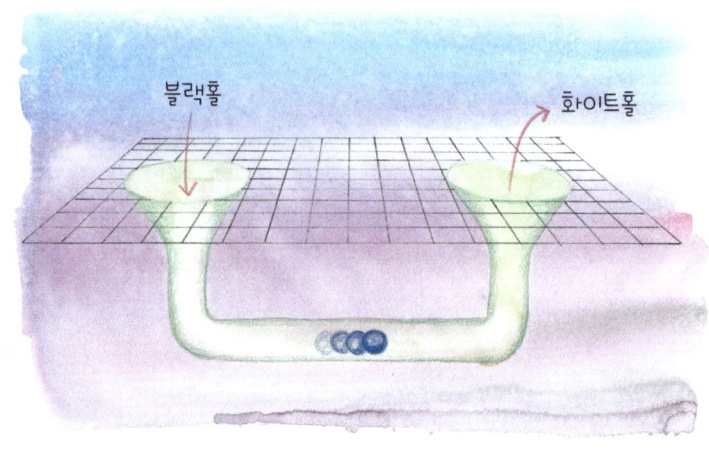

으로 들어가서 깊은 골짜기의 길을 지나면 다시 점점 입구가 커지면서 블랙홀과 반대로 모든 물질을 뱉어내는 출구가 있는데 그곳이 바로 화이트홀이에요. 그러니까 블랙홀로 들어가 화이트홀을 통해 다시 우리 우주로 탈출할 수 있답니다.

그런데 물리학자들은 블랙홀로 들어가 화이트홀을 통해 빠져나오면 과거로 갈 수 있다는 것을 알아냈어요. 이 내용은 대학원에서나 배울 수 있을 정도로 어려운 내용이니까 일단 믿어 주기를 바라요. 즉, 우리가 과거로 여행하려면 결국 블랙홀 속으로 들어갔다가 화이트홀을 통해 빠져나와야 합니다. 이것이 바로 과거로 가는 타임머신이지요.

제 11 장
핵심정리

- 블랙홀은 태양에 비해 아주 무거운 별이 죽어서 만들어진다.

- 블랙홀은 중력이 아주 큰 곳이므로 주위의 물질들을 모두 빨아들인다.

- 과거로 가는 시간여행은 블랙홀을 통해 가능하다.

아인슈타인, 지구를 지켜라

2020년 미국 뉴욕.

"드디어 성공이야!"

로베르토 아인슈타인의 연구실에서는 오랜만에 환호성이 들렸다. 로베르토 아인슈타인은 알베르트 아인슈타인의 손자로 세계적인 상대성이론 전문가이며 지구우주방위국 자문 교수를 맡고 있었다.

아인슈타인은 상대성이론을 이용하여, 빛의 속도로 움직

이는 타임머신 카를 연구 중이었다. 아인슈타인은 작용과 반작용의 원리를 이용하여 타임머신 카를 만들고자 했다. 즉, 로켓의 원리처럼 뒤로 어떤 물질을 빠르게 내뿜으면 그 반작용으로 로켓이 앞으로 추진되는 성질을 이용하자는 것이었다.

하지만 빛의 속도로 로켓이 가속되기 위해서는 질량을 가진 어떤 물질을 거의 빛의 속도로 내뿜어야 하는데 그런 물질을 찾지 못해 연구는 지지부진한 상태였다.

그러던 어느 날 그는 동료 교수인 보르 교수와 화학실험을 하던 도중 눈 깜짝할 사이에 공간 속으로 사라지는 라이콤이라는 눈에 보이지 않는 작은 물질을 우연히 발견했다. 여러 번의 실험 결과 라이콤이 질량은 아주 작지만 빛의 속도의 99.999999999%의 속도를 낼 수 있다는 것을 알게 되었다. 이를 계기로 아인슈타인은 라이콤을 뒤로 내뿜어 거의 빛의 속도로 추진되는 로켓을 발명한 것이었다.

특수상대성이론에 따르면 거의 빛의 속도로 로켓이 움직이면 로켓 안의 사람은 미래로 가게 된다. 그러므로 아인슈타인이 발명한 로켓은 바로 미래로의 시간 이동 장치인 타

임머신 카였던 것이다.

'딩동'

아인슈타인이 타임머신 카의 발명으로 한참 들떠 있을 때 연구실 중앙컴퓨터에 발신자를 알 수 없는 메일이 도착했다. 아인슈타인은 중앙컴퓨터로 가서 메일을 열람했다.

이 메일을 보게 되실 분이 누구인지는 알 수 없지만 그 시대가 2020년이라는 것은 알고 있습니다. 이 메일의 내용은 일급비밀이며 메일을 읽고 난 즉시 불태워 주시기 바랍니다. 지금 제가 있는 곳은 2039년 지구입니다. 먼저 제 소개를 하자면 이름은 미나라고 하며 지구우주방위국 소속 물리학자입니다. 현재 2039년 지구는 커다란 위험에 빠졌습니다. 지구인들은 전쟁 없는 지구를 만들기 위해 모든 핵폭탄과 수소폭탄을 없앴습니다. 그 결과 지구를 향해 무서운 속도로 돌진하는 소행성과의 충돌을 막을 수가 없습니다. 이 소행성은 지구의 모든 생명체를 멸종시킬 만큼 위력적입니다. 제발 지구를 구하러 와 주십시오!

- 지구우주방위국(뉴욕) 미나 정

"미나…… 정?"

아인슈타인은 동료 박사 알버트 정이 떠올랐다. 한국계 미국인인 알버트 정에게는 7살짜리 예쁜 딸이 있었다. 얼마 전 실험실에 놀러왔던 알버트의 딸 미나 정이 분명했다. 짙은 쌍꺼풀에 파란 눈동자, 인형 같은 속눈썹이 인상적이었던 꼬마였다. 한 손에는 바닐라 아이스크림을 들고 감기에 걸려 코를 훌쩍거렸었다.

"코흘리개 미나 정……. 2039년에는 26살 숙녀가 되어 있겠군! 아주 예뻐졌겠어! 하하하, 아차! 내가 이러고 있을 때가 아니지. 만약 이게 사실이라면 20년 후면 지구가 산산조각이 날 테니까. 드디어 내 타임머신 카를 쓸 때가 왔군!"

아인슈타인 박사는 서둘러 원자폭탄과 수소폭탄의 설계도를 챙겼다. 그리고는 긴 활주로가 있는 뉴욕 공항으로 타임머신 카를 몰았다. 타임머신 카는 자동차 모양으로 생겼는데 평소에는 일반 엔진을 사용하여 자동차로 달릴 수 있고, 라이콤을 이용하면 미래로 가는 타임머신이 되는 구조였다.

아인슈타인은 도착시간을 2039년으로 맞추고, 라이콤의 분사장치 스위치를 켰다. 타임머신 카는 요란한 소리를 내면서 미래로 출발했다. 아인슈타인은 엄청난 중력으로 고통스러워했다. 이렇게 갑자기 거의 빛의 속도로 움직이게 되면 지구 중력의 수십 배가 넘는 중력을 경험하기 때문이었다. 엄청난 충격을 견디지 못해 잠시 정신을 잃었다가 얼마 후 눈을 떴을 때 타임머신 카는 멈춰 있었다.

"여긴 어딜까?"

아인슈타인은 주위를 두리번거렸다. 화려한 불빛 속에 100층이 넘는 높은 건물들이 즐비하게 늘어서 있고 하늘에는 자동차들이 무서운 빠르기로 날아다니고 있었다.

"하늘을 나는 자동차의 시대군! 그건 누구나 예상했던 미래지. 가만…… 그런데 하늘에서는 차들이 멈춰 설 수가 없잖아? 멈춰 섰다간 그대로 떨어질 테니까. 그럼 저 많은 자동차들은 어떻게 서로 부딪히지 않고 빌딩 사이를 날아다니는 거지?"

아인슈타인은 자동차도 적당한 빠르기로 달리면서 날개나 프로펠러를 가지면 날 수 있다는 것을 알고 있었다. 하지만 도로 위를 달리는 자동차는 앞에 차들이 많으면 브레이크를 밟아 잠깐 멈춰 섰다 가지만 하늘을 나는 자동차로서는 그런 일을 상상할 수 없었다.

한참을 두리번거리던 아인슈타인의 눈에 띈 것은 102층의 아름다운 엠파이어스테이트 빌딩이었다.

"여긴 뉴욕 한복판이야."

아인슈타인은 그제야 자신이 2039년의 뉴욕에 있다는 것을 알아차렸다. 아인슈타인은 서둘러 지구우주방위국으로 갔다. 방위국은 뉴욕 시내에 있어 찾는 데 그리 어렵지는 않았다. 방위국 건물 앞에는 미나가 마중 나와 있었다.

"2020년에서 오신 분이죠?"

미나가 아인슈타인의 복장을 보더니 다가와 말했다. 미나는 20년 전의 모습 그대로 자라 늘씬한 아가씨가 되어 있었다. 까만 생머리를 찰랑거리며 다가온 미나가 선글라스를 벗고 고개를 숙여 인사했다.

"그……그래요! 미나 양!"

"여기서 긴 이야기를 할 수는 없고 제 방으로 가시죠. 저를 따라오세요!"

미나는 코흘리개 미나가 아니었다. 똑부러지는 말투에 마치 007영화에 나오는 본드걸 같았다. 아인슈타인은 세 번의 신분 확인 절차를 마치고서야 들어갈 수 있었다.

"제 메일은 다 보셨겠죠?"

"봤어요. 여기 수소폭탄과 원자폭탄 설계도를 가져왔어요."

미나는 동그랗게 말린 설계도를 책상에 펼쳤다. 유심히 설계도를 살펴보고 있는 미나를 아인슈타인은 장난기 가득한 얼굴로 바라보았다. 이상한 시선을 느낀 미나는 박사를 쳐다보았다.

"저에게 무슨 하실 말씀 있으십니까?"

"미나 양, 아버지 성함이?"

"알버트 정이십니다."

"음…… 그렇구먼."

"제 아버지를 아십니까?"

"나는 미나 양의 아버지와 함께 일하는 아인슈타인이에요."

"상대성이론과 타임머신의 권위자인 아인슈타인 박사님?"

미나는 놀란 표정이었다. 과거의 지구인 중 누구라도 오기를 바랐는데 지구를 구할 수 있는 과학 지식이 가장 풍부한 아인슈타인 박사가 오리라고는 생각지도 못했기 때문이었다.

"미나 양. 아버지랑 내가 친구니까 말을 놓을게. 근데 소행성이 지구와 충돌한다는데 지구가 왜 이렇게 고요한 거지?"

"소행성과 충돌 시점은 몇 달 후입니다. 아직은 아무도 모르고 있는 사실입니다. 그래서 조용히 충돌을 막고자 메일을 보냈던 것입니다."

"음…… 그거 큰일이군. 근데 오늘은 내가 타임머신을 처음 타서 그런지 많이 피곤하군."

"아, 죄송합니다. 그럼 일단 오늘은 푹 쉬십시오. 자세한 사항은 내일 의논하겠습니다."

아인슈타인은 미나가 안내하는 방으로 갔다. 방은 매우

비좁았다. 한 사람이 누우면 꼭 찰 정도였다.

'이런 곳에서 어떻게 편히 쉬라는 거야?'

아인슈타인이 몸을 눕히자 갑자기 침대가 움직였다. 아인슈타인은 구름에 떠 있는 것처럼 포근했다. 꿈인가 의심스러워 눈을 비벼 보았지만 구름은 사라지지 않았다.

"이게…… 뭐지?"

"수면 도우미 슬리피입니다. 박사님의 편안한 수면을 위하여 구름 침대를 준비했습니다. 최적의 잠자리를 위하여 자동으로 설정이 되어 있으니 조금이라도 불편하시면 언제든지 말씀하세요!"

어디선가 안내 목소리가 들려왔다.

'참 신기하네. 2039년에는 이런 침대도 있구나.'

아인슈타인 박사는 스르르 잠이 들었다.

다음 날 잠에서 깨어나니 몸이 매우 상쾌했다.

"기상 도우미 알라미입니다. 안녕히 주무셨습니까?"

박사는 깜짝 놀라 주위를 두리번거렸다. 얼굴에 기분 좋은 이슬이 몇 방울 떨어져 모이더니 얼굴을 깨끗하게 씻어 주었다. 그리고는 따스한 바람이 불어 물기를 말려 주었다. 어느새 박사는 폭포가 쏟아지고 무지개가 나타난 계곡에 앉아 있었다. 산새 소리까지 지저귀기 시작했다.

"이야, 좋다. 이렇게 행복하게 아침을 맞이한 적이 언제였더라?"

박사는 명상에 잠겼다.

몇 분 후 모든 것이 사라지고 박사는 어제 회의를 했던 본부의 의자에 앉아 있었다. 까만 정장을 입은 미나가 박사 앞으로 나가왔다.

"아인슈타인 박사님, 안녕히 주무셨습니까?"

"그렇소. 아주 잘 잤어. 하하하!"

"그럼 나가서 산책이라도 하면서 얘기하죠!"

지구우주방위국 앞에서 아인슈타인은 미나를 기다렸다. 그리고는 간단한 운동복 차림의 미나와 평화 공원을 거닐었다.

"2039년의 지구는 더 발전하고, 아름답군!"

"보기에는 그럴 수도 있죠."

"보기에는? 그렇다면 사실은 그렇지 않다는 거군!"

"네. 지구는 너무 거만해져 있어요. 지구 외에는 어떤 행성의 존재도 다 무시하죠. 그래서 결국 1년 후 소행성과 충돌하게 될 위험에 빠져 있어요."

"음……."

그때 벤치에 앉아 이야기를 하고 있는 두 사람을 지켜보는 눈동자가 있었다.

"미나 정……. 결국 복제를 했군."

미나를 눈엣가시로 여기던 크루즈 박사는 미나와 아인슈타인 박사가 이야기를 나누는 모습을 사진으로 찍고 지구우주방위국으로 달려갔다.

"미나 정 박사를 신고합니다. 미나 박사는 지구에서 절대 금지시키는 과학자 복제를 했습니다. 그 증거로 이 사진을 제출합니다. 아인슈타인 박사는 2030년에 이미 사망했습니다. 그런데 이 사진에서 보듯이 미나가 아인슈타인 박사와 이야기를 나누고 있습니다. 분명 아인슈타인 박사를 복제한 것입니다."

지구우주방위국에서는 이 사실을 일급비밀로 붙였다. 그

리고 미나와 아인슈타인 박사를 잡기 위해 평화 공원으로 출동했다.

'미나! 당신도 이제 끝났어! 완전히 끝났다고! 하하하!'

크루즈 박사는 미나 박사와 오래 전부터 원수지간이었다. 10년 전, 미나 박사의 아버지인 알버트 정 박사가 크루즈 박사의 아버지 톰의 인간 복제 연구를 고발하여 결국 아버지 톰이 자살했기 때문이었다. 물론 이것 때문에 죄책감에 빠진 미나의 아버지도 같은 해에 자살하는 불행한 사건이 있었다.

그 시각 직감적으로 자신과 아인슈타인이 위험에 빠졌음을 감지한 미나는 공원의 벤치에서 일어나 지구우주방위국으로 몸을 숨겼다.

"무슨 일이오? 미나 박사."

"아닙니다."

"왜 쫓기는 거요?"

"그……그게……."

미나는 차마 아인슈타인 박사가 10년 전에 사망했다는 것을 말할 수가 없었다.

"미나 박사! 만약 내가 지구와 소행성의 충돌을 막고 나면 그 후에 내 미래의 모습을 보고 싶소! 허허허, 얼마나 늙었을까. 아직도 실험에 미쳐 있으려나?"

그때였다. 지구우주방위국의 경보음이 울렸다.

'삐요~ 삐요~'

국장 로더가 미나에게 달려왔다.

"미나, 무슨 일이야? 지구우주방위국에서 당신을 찾고 있어. 그……근데…… 저 사람은 아인슈타인 박사? 아니…… 어떻게……. 미나! 설마……."

"아니에요! 국장님! 자세한 건 나중에 말씀 드릴게요! 여기서 빠져나갈 수 있게 도와주세요."

"음…… 일단 지하 비밀통로를 통해서 나가도록 하게! 나중에 제대로 설명하고!"

"감사합니다."

미나는 아인슈타인의 손을 잡고 통로로 향했다.

통로를 통하여 나간 곳은 아무것도 없는 사막 같은 곳이었다.

"미나! 나는 지구를 구하러 왔는데…… 왜 이렇게 쫓겨야 하는지 알 수가 없소! 도대체 무슨 일인지 말을 해 주시오!"

"박사님, 제가 박사님을 불러낸 것은 불법입니다."

미나는 고개를 숙이고 아인슈타인의 눈을 차마 바라보지 못한 채 말했다. 아인슈타인이 자신의 사망 소식을 들었을 때의 충격과 슬픔을 감당할 수 있을지 걱정이 되었기 때문이다.

"불법? 뭐가 불법이라는 거지?"

"2039년 현재에는 박사님이 살던 시대와 다른 법이 하나 더 있습니다. 죽은 과학자를 복제하는 것은 절대 해서는 안 됩니다. 그런데 제가 그 법을 어긴 것으로 오해받고 있는 듯합니다."

"죽은…… 과학자 복제 금지? 그러면 지금 내가 죽었단 말이오? 말도 안 돼! 2039년이면 내 나이가 50도 안 되었을 텐데……."

"……."

미나는 아무 말도 할 수가 없었다. 박사는 멍한 표정으로 하늘과 끝없이 펼쳐진 사막만 바라보았다.

"박사님, 죄송합니다."

"내가…… 언제 사망한 것이오?"

"2030년…… 실험을 하시다가……."

"그렇군. 역시 실험쟁이라 실험실에서 죽었군. 하하하!"

아인슈타인의 웃음소리는 왠지 모르게 서글프게 들렸다. 두 사람은 한동안 아무런 말도 하지 못했다.

"미나 양! 비록 내가 죽었어도…… 지구는 살려야겠지?"

방긋 웃는 아인슈타인 박사의 얼굴을 보자 미나도 힘이 솟았다.

"박사님! 감사합니다. 일단은 제가 아는 박사님이 계시는 기지로 가야 합니다. 그곳에 가면 분명 도와주실 거예요."

미나와 아인슈타인은 며칠을 걸어서 겨우 지구 소행성 과학 기지에 도착했다. 뚱뚱보 박사는 두 사람을 반갑게 맞이했다.

"어서 오십시오! 며칠 전 미나의 메일을 받았는데 정말 아인슈타인 박사를 보게 될 줄이야! 하하하! 반갑습니다. 저는 지구 소행성 과학 기지를 담당하고 있는 마커 박사입니다."

"반갑소! 나는 아인슈타인 박사요."

"시간이 없어요! 어서 폭탄을 만들어야 해요. 조금 있으면 이곳도 발각될 거예요."

"미나 박사님께서 원하신다면 당장 만들어야지요. 허허허!"

마커 박사는 미나와 비슷한 또래로 뚱뚱하기는 하지만 지적인 얼굴에 유머가 풍부했다. 마커 박사는 미나 박사보다 두 살 정도 많았으나 미나가 시키는 일이라면 뭐든지 열심히 했다. 아인슈타인 박사 역시 당찬 미나의 지휘 아래 움직였다. 세 사람은 두 달여 동안 밤을 새워가며 원자폭탄과 수소폭탄을 만들었다.

"으악. 벌써 두 달이 다 되어 간다. 밥도 제대로 못 먹고, 잠도 못 자고……."

"선배! 그렇게 계속 불평불만만 늘어놓을 거야?"

"아니. 그게 아니라……."

미나의 말 한 마디면 마커의 투정도 수그러들었다.

드디어 원자폭탄과 수소폭탄이 완성되었다. 이제 내일이면 미나와 아인슈타인은 지구로 돌진하게 될 소행성을 폭파하기 위해 떠나야 했다.

그날 밤 아인슈타인은 오랜만에 찬바람을 쐬려고 창가로 나왔다. 밤하늘에 별들이 유난히 반짝거렸다. 로켓을 만드느라 자신의 죽음을 잠시 잊고 있었다.

'내가…… 죽은 사람? 그럼 난 유령? 하하하…… 재미있네.'

아인슈타인의 눈에는 눈물이 살짝 맺혔다. 실험에 빠져 아내와 아들을 나 몰라라 했던 것이 처음으로 후회되었다.

'내 가족들은…… 어떻게 살아가고 있는 거지? 잘 살고 있는 건가? 로즈가 잘해 낼 거야. 늘 그랬듯이……. 싸이언

　은 지금쯤이면 미나보다 두 살은 많겠네. 로즈……. 싸이언…….'
　마음속으로 다짐했다. 이번 계획만 수행하고 나면 돌아가서 사랑하는 가족들에게 가겠다고.
　다음 날 아침 미나가 아인슈타인의 숙소로 달려왔다.

"박사님! 떠날 시간이에요."

"어디로 가는 거지?"

"우리 은하의 중심으로 가야 해요. 지구로 돌진하는 소행성은 그곳에서 만들어져서 은하의 변두리인 태양계로 무서운 속도로 날아와 지구의 중력에 잡혀 지구와 충돌하게 되죠."

"아하! 사전에 없애 버리자 이거군! 좋아! 태양계 여행 한 번 해 보지 뭐."

아인슈타인과 미나가 탄 타임머신 카는 라이콤을 힘차게 뿜어대며 우주 공간으로 날아올라 우리 은하의 중심으로 향했다.

잠시 후 타임머신 카의 유리창에 수많은 별들이 무

지개처럼 반짝거렸다.

"별들이 엄청 많은 걸 보니 은하의 중심인 것 같군. 그래, 은하는 수많은 별들이 모여 있는 곳이야. 그런데 중심에는 별들이 빽빽하게 들어 서 있고 바깥쪽에는 별들이 드문드문 있지. 태양은 우리 은하의 변두리에 있으니까 주위에 별들이 별로 없어. 여긴 별들이 빽빽한 걸 보니 은하의 중심이 틀림없어."

점점 별빛들이 더 많아졌다.

두 사람은 눈이 부셔 안대를 쓰고 잠시 누웠다. 그리고 타임머신 카를 자동조정 모드로 전환했다.

갑자기 타임머신 카가 흔들리기 시작했다.

"무슨 일이죠?"

진동 때문에 잠에서 깬 미나가 놀란 눈으로 물었다. 아인슈타인은 조용히 중력감지판을 바라보았다.

"중력이 점점 커지고 있어. 주위에 중력이 엄청 큰 물체가 있는 것 같아. 가만…… 혹시…… 블랙홀?"

아인슈타인은 중력감지판을 뚫어지게 바라보았다.

"블랙홀은 모든 걸 빨아들이잖아요? 그럼 우리는 블랙홀로 빨려들어가 산산조각 나는 건가요?"

미나가 두려움에 떨리는 목소리로 물었다.

"블랙홀은 진공청소기와 같아."

"그게 무슨 말이죠?"

"우리 집에서 청소기를 돌리는데 옆집 휴지가 청소기 안으로 빨려들어가진 않잖아? 마찬가지야. 천하의 블랙홀도 중심으로부터 어떤 거리 이내의 물질들만을 삼킬 수 있거든. 그 거리를 사건의 지평선이라고 하지. 다행히 아직 사건의 지평선 밖인 것 같아."

갑자기 타임머신 카의 흔들림의 정도가 더욱 심해졌다. 마치 윈드서핑을 할 때 큰 파도 위에서 떨어지는 듯한 공포감마저 들었다.

"으악!"

미나가 비명을 질렀다.

"치……침착하라고! 당황하면 둘 다 죽어!"

아인슈타인 박사도 무척 당황스러웠다. 하지만 누구보다도 침착해야 한다는 것을 잘 알기에 미나를 다독거렸다.

"사건의 지평선에 점점 가까워지고 있어. 시간이 없어. 안 되겠어, 미나. 오른쪽의 붉은 버튼을 눌러."

미나가 붉은 버튼을 누르자 갑자기 타임머신 카의 주위 상황은 다른 모습으로 바뀌었다.

"휴! 이제 안심이야."

"붉은 버튼은 어떤 기능이죠?"

"와핑 기능이야."

"그게 뭐죠?"

"와핑은 4차원 이동이야. 3차원의 이동으로는 저 블랙홀 속으로 빨려 들어가는 것을 막을 수 없었어. 그래서 4차원 이동을 통해 블랙홀을 탈출한 거지."

다시 두 사람은 지구로 돌진할 소행성을 찾으러 떠났다. 미나의 계산에 의하면 지구로 돌진할 소행성은 곰보투성이의 붉은 암석이었다.

"저기예요."

미나가 유리창에 보이는 붉은 암석을 보며 소리쳤다.

"저놈을 폭파하면 되겠군! 수소폭탄을 사용해야겠어."

"원자폭탄은 사용 안 하나요?"

"수소폭탄이 훨씬 더 위력적이야."

"그럼 원자폭탄은 왜 만든 거죠?"

"원자폭탄도 필요해. 수소는 원자핵 주위를 전자 하나가 돌고 있는 가장 간단한 구조의 원자야. 그런데 아주 높은 온도가 되면 수소 핵 주위를 도는 전자는 도망쳐 버리고 수소 핵들만 덩그러니 남지. 이 상태를 플라즈마 상태라고 불러. 이렇게 외톨이가 된 수소 핵들은 서로 달라붙어 수소보다 무거운 헬륨의 원자핵을 만드는데 이 과정에서 발생하는 에너지가 바로 $E=mc^2$이야. 이 에너지가 폭발적으로 생겨나 수소폭탄을 만드는 거지."

아인슈타인이 수소폭탄의 발사장치를 점검하면서 말했다.

"그럼 원자폭탄은요?"

"원자폭탄은 반대로 우라늄 핵이 두 개로 쪼개지면서 에너지가 발생해. 이 에너지 역시 $E=mc^2$ 꼴의 에너지인데 우라늄 핵이 쪼개지는 과정이 연속적으로 일어나기 때문에 큰 에너지가 나오지. 바로 이 에너지가 열을 만들어. 그래서 원자폭탄이 터지면 주위의 온도가 올라가지."

 "아하! 그러니까 원자폭탄을 터뜨려 수소 핵이 달라붙을 수 있는 높은 온도를 만드는 거군요."
 "맞아. 휴! 드디어 점검이 끝났군! 이제 안전장치를 풀고 소행성을 향해 발사만 하면 돼."

타임머신 카는 소행성을 추격하기 시작했다. 아인슈타인의 손놀림이 빨라졌다.

"자! 이제는 운명에 맡겨야 할 때군!"

"박사님! 함께 해서 정말 행복했습니다."

미나의 눈가에는 눈물이 고였다.

"왜 이래? 우리가 실패할 거라고 생각해?"

"아니에요. 그냥 감사의 말을 지금 하고 싶었습니다."

"그만하고! 어서 발사하도록 하지! 하나. 둘. 셋!"

'쾅!'

요란한 소리가 온 우주를 뒤덮었다. 소행성이 산산조각이 났다. 그리고 쪼개진 파편과의 충돌로 타임머신 카가 흔들렸다. 하지만 미나와 아인슈타인은 지구를 구했다는 데에 뿌듯함을 느꼈다.

"이제 나는 과거로 돌아가야겠다."

"박사님, 그런데……."

"미나, 무슨 말을 하려는 거지?"

"타임머신 카만으로는 과거로 돌아갈 수 없어요."

미나가 더듬거리며 말했다. 아인슈타인도 미나의 말뜻을 이해한 듯 잠시 조용히 있었다. 타임머신 카는 라이콤을 분출하여 그 반작용으로 빛의 속도에 가까운 속도를 내는데 이 방법으로는 오로지 미래로만 갈 수 있기 때문이었다.

"과거로 가려면 어떻게 하지?"

아인슈타인은 난감한 표정을 지었다.

"저도 잘 몰라요. 하지만 포토닉에게 가면 돼요."

"포토닉? 그게 누구지?"

"포토닉은 사람이 아니라 이 세상 모든 정보를 알고 있는 3차원 입체 영상 프로그램이에요. 저를 따라 오세요."

미나는 엠파이어스테이트 빌딩 옆에 허름해 보이는 건물로 들어갔다.

건물 앞 돌조각에 '3차원 입체 영상 자료 검색실'이라는 글자가 보였다. 건물 안에 보이는 파란 스위치를 가리키며 미나가 말했다.

"저기 보이는 파란 단추를 누르면 포토닉이 나타나요."

미나가 무서워 뒷걸음질치며 아인슈타인에게 말했다.

"저게 조작 버튼인가 보군."

아인슈타인은 미나에게 아무 걱정하지 말라고 하고 버튼을 눌렀다. 그러자 공중에 화면이 나타나고 화면에는 검은 양복을 차려입은 사내가 나타나 말했다.

"내 이름은 포토닉! 자료를 검색하세요. 서기 2039년까지 모든 자료가 있습니다."

"포토닉, 과거로 가는 방법을 알려 주게."

"잠깐 기다리십시오. 자료를 찾는 중입니다."

잠시 시간이 흘렀다. 포토닉의 모습이 다른 모습으로 계속 변하더니 얼마 후 다시 원래의 모습이 되었다.

"오래 기다리셨습니다. 과거로의 여행은 웜홀을 통해서만 가능합니다."

"웜홀이 뭐지?"

"웜홀은 우리 우주의 밖으로 나갔다가 다시 우리 우주로 돌아오는 초광속 터널입니다. 웜홀의 입구는 블랙홀이고 그 출구는 모든 것을 밖으로 분출하는 화이트홀이지요. 웜홀은 순식간에 우주의 두 지점을 지나는 여행을 시켜줍니다. 우주는 4차원이므로 우주의 각 지점은 공간적인 위치뿐 아니라 시간적인 위치도 다릅니다. 그러므로 19년의 차이가 나는 두 지점을 연결하는 웜홀로 들어가 19년 전의 시간을 가리키는 화이트홀로 빠져나가면 19년 전인 2020년으로 갈 수 있습니다."

아인슈타인은 고개를 끄덕였다. 포토닉의 말 중 일부는 이해가 되었지만 어떤 내용은 이해가 잘 되지 않아서였다.

"그런 웜홀을 어떻게 찾지?"

아인슈타인이 다시 물었다.

"미래로 가는 시간이동 장치로는 불가능합니다. 자유의 여신상 뒤에는 2030년에 알버트 정 박사가 발명해 아직 사용한 적이 없는 바이킹호라는 로켓이 있습니다. 이 로켓은 자동 운항방식으로 원하는 과거의 시간을 입력하면 그 과거로 가는 웜홀을 찾아줍니다. 이제 내가 가진 정보는 모두 알려드렸습니다."

포토닉의 영상이 흐릿해졌다.

미나와 헤어진 아인슈타인은 타임머신 카를 버리고 바이킹호에 올라탔다.

"박사님!"

미나의 목소리였다.

"미나, 네가 웬일이지?"

"박사님을 따라갈래요. 아버지가 보고 싶어요."

결국 아인슈타인은 미나의 희망을 들어 주었다.

두 사람을 태운 바이킹호는 순식간에 어디론가 날아갔다. 빛의 속도에 가까운 속도로 달려 무언가를 향해 빨려 들어가는 것처럼 바이킹호는 자동으로 움직였다.

그리고 순식간에 자유의 여신상 뒤편에 착륙했다.

"여기가 어디지?"

미나가 주위를 기웃거렸다. 많은 사람들이 바이킹호 주위에 몰려 있었다.

"이 로켓은 웜홀을 자동으로 찾아 어떤 웜홀이 어떤 과거로 가는지를 알려주는데…… 이 기능을 이용하면 원하는 과거로의 여행이 가능합니다."

알버트 정 박사가 자신의 발명품에 대해 설명하고 있

었다.

"아빠!"

미나는 바이킹호 밖으로 나와 아빠를 불렀다. 알버트 박사는 갑자기 나이가 들어 있는 딸의 모습에 어리둥절한 표정이었다. 계속해서 아인슈타인 박사가 모습을 드러냈다.

바이킹호 주위에 모여든 구경꾼들은 이 두 사람이 지금 막 미래에서 과거로 되돌아온 줄 까맣게 모르고 있었다.